Dianne B. Collard

Briefe an einen Mörder

Meine Reise zur Vergebung

Eine wahre Geschichte

Über die Autorin

Dr. Dianne B. Collard lebte über 20 Jahre in Österreich und leitet die christliche Organisation „Artists in Christian Testimony Intl." in Europa. Als interkulturelle Trainerin war sie bereits rund um den Globus tätig, besonders unter Missionaren und Künstlern. Zudem reist sie viel als Rednerin durch Nordamerika und Europa. Sie hat Kommunikationswissenschaft studiert und in Missionswissenschaften promoviert (Biola-Universität, Kalifornien). Ihre Freizeit verbringt die dreifache Mutter am liebsten mit ihrer Familie – besonders mit ihrem Mann und den fünf Enkeln – oder auf ihrer Berghütte mitten in der Natur an der Ostküste der USA. Weitere Informationen unter:
www.BriefeaneinenMoerder.com · www.ichoosetoforgive.com

Dianne B. Collard

Briefe an einen Mörder

Meine Reise zur Vergebung
Eine wahre Geschichte

GerthMedien

MIX
Papier aus verantwortungsvollen Quellen
FSC® C014496
www.fsc.org

Verlagsgruppe Random House FSC-DEU-0100
Das für dieses Buch verwendete FSC®-zertifizierte Papier
Munken Premium Cream liefert Arctic Paper Munkedals AB, Schweden.

Die amerikanische Originalausgabe erschien im Verlag
WestBow Press, A division of Thomas Nelson Publishers,
Grand Rapids, MI, unter dem Titel „I choose to forgive“.

1. Auflage 2012
Bestell-Nr. 816 664
ISBN 978-3-86591-664-8
Umschlaggestaltung: Hanni Plato
Umschlagfoto: Shutterstock
Übersetzung: Doris Ewert
Satz: Marcellini Media GmbH, Wetzlar
Druck und Verarbeitung: GGP Media GmbH, Pößneck
Printed in Germany

Für meinen lieben Mann und unsere Kinder.
Wir sind diesen Weg gemeinsam gegangen
und wurden gesegnet. Ich habe euch sehr lieb.

Für Alexandria Nicole, meine hübsche älteste Enkeltochter.
Dein Papa wäre so stolz auf dich!

Zur Erinnerung an meinen lieben erstgeborenen Sohn
Timothy Scott Collard. Ich werde dich jeden Tag vermissen,
bis wir uns im Himmel wiedersehen.

Wenn mir auch alles andere genommen wird,
bleibt mir dennoch die letzte menschliche Freiheit:
die Freiheit zu entscheiden,
wie ich reagieren will.

Drei Schüsse. Schreckliche Folgen. Überraschender Segen.

Drei Schüsse – und mein Sohn war tot. Ermordet. Diese Tat zieht schreckliche Kreise: unzählige Tränen, schier unendliche Trauer.

All das kann ich nicht ändern. Doch eines bleibt mir bis heute: meine persönlichen Entscheidungen. Wie will ich reagieren? Hass schüren oder Gutes säen? Am Gift der Wut sterben oder Heilung suchen?

Rund 20 Jahre nach dem Tod meines Sohnes Tim blicke ich auf meine Reise der Vergebung zurück – mit freiem Herzen. Mehr denn je bin ich mir der Kraft der Vergebung bewusst.

Meine Wahl veränderte mein Leben – aber auch das meiner Familie und vieler anderer Menschen, denen ich begegnet bin: egal, ob in einem Hochsicherheitsgefängnis oder unter Kriegsopfern in Serbien. Fast alle Namen habe ich geändert, um die Personen zu schützen. Aber die Geschichten sind wahr. In einer oft dunklen Welt sind sie ein Licht, das uns zeigt, wie Gott Menschen heilt.

Mitten im Schmerz erlebe ich eine überraschende Art von Segen und Frieden, die ich nie erwartet hätte. Mein Herz begann zu heilen, als ich anfing, mich ganz und gar auf Gott und sein Wort zu verlassen – und Briefe zu schreiben …

Inhalt

Vorwort

Mein Weg zu diesem Buch

Verschiedene Leute in Europa, die meine Geschichte kannten, baten mich seit Langem: „Schreib doch ein Buch über deine Reise zur Vergebung! Ermutige andere!"

Auch Gott zeigte mir, dass er einen Plan mit dieser Geschichte hat. Deshalb versprach ich schon Anfang 2000: „Ja, ich schreibe alles auf, aber erst, wenn ich mit meiner Doktorarbeit fertig bin." Im Jahr 2004 gab ich meine Doktorarbeit ab. Trotzdem schob ich die Sache mit dem Buch vor mir her.

Liebevoll fuhr Gott fort, mich im Gebet und durch Menschen an mein Versprechen zu erinnern. Von zwei Kontinenten kam das Angebot, meine Geschichte in eine weitere Sprache zu übersetzen. Aber ich konnte mich immer noch nicht dazu durchringen, sie auf Papier zu bringen.

Erst im Herbst 2009 nahm ich mir Zeit, das Buch zu schreiben. Aber es war schwer! Jedes Mal, wenn ich zu unserer Berghütte in North Carolina fuhr, spürte ich eine zentnerschwere Last auf meinen Schultern. Merkwürdige Dinge passierten: Der Strom fiel aus. Es gab kein fließendes Wasser. Ein furchtbarer Schneesturm tobte. Oder ich wurde plötzlich krank. Rückenschmerzen plagten mich. Ich stritt mich mit meinem Mann …

Kurzum: Ich konnte das Buch einfach nicht schreiben.

Im Mai 2010 fingen unsere Kinder und viele Freunde an, intensiv für mich zu beten. Sie baten Gott um Schutz und Kraft. Und tatsächlich: Plötzlich verschwanden alle Blockaden körperlicher und geistlicher Art. So stellte ich den ersten Entwurf bis zum Ende des Sommers 2010 fertig. Gott sei Dank!

Was erwartet Sie in diesem Buch? Meine Geschichte über Gottes Wirken in meinem Leben. Sonst nichts. Sie stellt weder ein umfassendes psychologisches Studium noch eine vollständige theologische Abhandlung zum Thema „Vergebung" dar. Ich zeichne darin meine Reflektionen als trauernde Mutter auf. Dabei beschreibe ich Gedanken, die mich weitergebracht haben. Schritte, die mich heilten und herausforderten, geistlich wachsen und frei werden ließen. Dieses Buch gleicht einer Landkarte auf meiner Reise zur Vergebung.

Was half mir auf meiner Reise? Gottes Wort! Immer wieder sprach Gott zu mir durch die Bibel, um mich in jeder Phase meiner Reise zu stärken, zu leiten und zu stützen. Er gab mir immer genau zur richtigen Zeit das richtige Wort für die Schritte, die vor mir lagen. Die entscheidendsten nenne ich. Außerdem erwähne ich einige Forschungsergebnisse und Zitate, die mir geholfen oder mich berührt haben, während mein Verständnis von der wahren Bedeutung der Vergebung wuchs.

Um die Privatsphäre der beteiligten Personen zu schützen, habe ich die meisten Namen geändert. Zudem möchte ich betonen: Es mag unterschiedliche Interpretationen der Ereignisse vom 20. September 1992 geben. Dieses Buch basiert auf meiner persönlichen Wahrnehmung der erhaltenen Fakten. Ich bin mir bewusst, dass es Einzelheiten gibt, von denen ich nichts weiß. Tim ist tot und es gibt ohne Zweifel Dinge, die in der Zukunft noch vergeben werden müssen. Aber hier geht es um meine Reise bis zum heutigen Tag.

Ich spreche in diesem Buch von „meiner Geschichte“. In Wirklichkeit ist es aber Gottes Geschichte. Denn er hat seine Wahrheit in mein Herz gepflanzt während einer Zeit allergrößter Not.

Genau das wünsche ich auch Ihnen! Ich bete, dass Gott durch dieses Buch Freiheit und Heilung bewirkt auf Ihrer ganz persönlichen Reise. Leider leben wir nicht mehr im Paradies. Tagtäglich geschieht Böses und Menschen werden verletzt. Jeden kann es treffen. Diese schmerzlichen Situationen – egal, ob eine kleine Kränkung oder eine kriminelle Tat – fordern uns alle heraus. Ich bin überzeugt, dass jeder irgendwann vor der Frage steht: „Erwartet Gott wirklich von mir, dass ich vergebe?“

Die Antwort darauf ist klar. Doch die Entscheidung, welchen Weg wir einschlagen, liegt bei uns. Werden wir Gottes Wort folgen? Die Kraft auf dieser Reise kommt allein von unserem himmlischen Vater. Ich bete, dass immer mehr Kinder Gottes sich entscheiden zu vergeben, indem sie vertrauensvoll die Schritte wagen, die Gott ihnen zeigt, damit sie seine Liebe erleben und sichtbar werden lassen.

Herzlichst

Ihre
Dianne Collard

Kapitel 1

Meine Reise beginnt
Die dramatische Verwechslung

„Ja, Gott ist gut, auch wenn das Leben oft unfair ist."

Wien, September 1992. Ich bügle gerade ein paar Hemden, während mein Mann und mein jüngster Sohn Briefe schreiben. Der Fernseher läuft. Als das Telefon an jenem Sonntagabend klingelt, hebe ich nichts ahnend ab. „Ja, hallo?"

Am anderen Ende meldet sich ein Polizist. Seine Worte lassen mein Herz fast erstarren. Unser Sohn sei in eine „ernste Angelegenheit" verwickelt, erklärt er. Mehr will er mir nicht sagen.

Unser Sohn Tim ist zu dieser Zeit gerade in Kalifornien. Deshalb können wir uns nicht sofort ins Auto setzen und hinfahren, obwohl ich mir das so sehr wünsche. Die Stunden der Unsicherheit lassen unsere Herzen laut hämmern vor Angst. Wir fangen sofort an zu beten, obwohl wir gar nicht wissen, wie und wofür wir beten sollen! Hat Tim eine Straftat begangen? Hat er einen Autounfall gehabt? Was ist geschehen?

Erst drei Stunden später klingelt das Telefon erneut. Diesmal ist unsere Tochter am Apparat und wir erfahren die schreckliche Wahrheit: „Mama, Tim ist tot. Er ist ermordet worden!", sagt sie schluchzend.

Was war geschehen?

Zunächst erfuhren wir nicht viel über die Einzelheiten, nur, dass man den Mörder gefasst hatte. Er soll sich vor den Polizisten damit gebrüstet haben, nicht nur seine Frau umgebracht zu haben, sondern auch „ihren Liebhaber"! Das sagte der Polizeibeamte unserer Tochter, die in Kalifornien studierte. Als sie die Nachricht von dem Mord hörte, brach sie zusammen. Sie konnte uns nicht sofort anrufen.

Doch nun wussten wir es auch: Tim war tot. Erschossen. Verstümmelt. Die Wahrheit bohrte sich tief in mein Herz, aber ich konnte sie kaum glauben. Ein eifersüchtiger Ehemann hatte dreimal von hinten auf ihn geschossen.

Unser Tim, gerade mal 23 Jahre alt, war völlig unschuldig. Er hatte seiner Kollegin nur helfen wollen. Als sie wegen ihres brutalen Mannes Angst hatte, nach Hause zu gehen, bot er ihr Schutz an. Doch der Ehemann war getrieben von wahnsinniger Wut. Erst schoss er auf seine Frau, dann auf Tim. Seine Frau überlebte. Unser Sohn war tot.

Schon oft hatten wir Tim gewarnt: „Sei vorsichtig!" Trotzdem riskierte er immer viel zu viel, um anderen zu helfen – egal, ob es um ein streunendes Tier, ein Problem oder eine Person ging. Nun hatte ihn seine Hilfsbereitschaft das Leben gekostet.

Bis heute erinnere ich mich an diesen Tag, auch wenn er nun fast 20 Jahre her ist. Er hat sich in mein Gedächtnis eingebrannt. Ich kann ihn nicht vergessen.

Außerdem zieht diese Tat Folgen nach sich, die wie grausame Wellen in unser Familienleben schwappen. Jahr für Jahr.

Tag für Tag. Wie ein Stein, der ins Wasser geworfen wird, zieht die Tat Kreise: Meine Enkelin – Tims Tochter, die er nie kennenlernte – litt darunter, ohne Vater aufzuwachsen. Meine Tochter plagten über Jahre Panikattacken und posttraumatische Symptome.

Ich wünschte mir aufrichtig, meine Wut auf den Mörder zu zügeln. Doch immer, wenn ich dieses Leid in meiner Familie sah, schmolz mein Wille wie Schnee in der Sonne. Anfangs konnte ich nicht einmal den Namen des Täters aussprechen. Ich nannte ihn nur „das Monster, das meine Familie zerstört hat".

Wenn ich in der Bibel las, bohrten sich Fragen in mein Herz: Erwartet Gott wirklich, dass ich all das vergebe? Schaffe ich das überhaupt? Sogar einige Christen sagten: „Nein. Das ist unmöglich! Deshalb erwartet Gott es auch nicht von dir." Es wäre doch mein gutes Recht, an meinem Schmerz festzuhalten und diese Person zu hassen. Dennoch schien mir Gottes Wort ganz klar. Immer, wenn ich darin las, hörte ich in meinem Herzen nur eine Botschaft: Vergib!

Warum verlangte Gott scheinbar Unmögliches von mir?

An diesem Tag in Wien begann meine Reise der Vergebung – eine Reise, die ich mir nie ausgesucht hätte. Doch gerade dieser Weg führte mich in eine Nähe zu Gott, meinem himmlischen Vater, die ich mir nie hätte vorstellen können.

Dramatische Verwechslung

Ich wünschte, Sie könnten meinen Sohn Tim persönlich kennenlernen. Er war unser „großer Teddybär", liebevoll und warmherzig. Fast immer hatte er ein paar fröhliche Worte auf den Lippen und ermutigte andere: „Das schaffst du!"

Wie kein anderer in unserer Familie kümmerte er sich besonders um die „hoffnungslosen Fälle": herrenlose Tiere oder innerlich tief verletzte Menschen. Er hatte die Gabe der Barmherzigkeit. Und er traute Gott immer zu, dass er das Unmögliche möglich macht. Aber oft fehlte ihm dabei – wie bereits gesagt – das notwendige Urteilsvermögen. Damit hatte er sich schon öfter Probleme eingehandelt. Diesmal sollte es ihn aber das Leben kosten.

Nach und nach erfuhr ich mehr Details der Geschichte: Tim arbeitete an den Wochenenden in den Verkaufsständen vor einem Amphitheater in seiner Stadt. An diesem Samstagabend sprach eine Kollegin, Doris, mit Tim darüber, dass sie Angst hätte, nach Hause zu fahren und ihrem gewalttätigen Mann zu begegnen. Da es die letzte Show der Saison war, feierte die Mannschaft danach noch kräftig auf einer Party. Nach einer Weile machte sich Tim auf den Heimweg zu seiner hochschwangeren Frau.

Eine Stunde später musste er aber wieder an die Situation der Kollegin denken – ein weiterer „hoffnungsloser Fall". Deshalb fuhr er zurück, um zu sehen, ob er ihr irgendwie helfen konnte. Inzwischen war sie als Einzige noch auf dem Parkplatz, abgesehen von dem Wächter. Doris hatte zu viel getrunken und war nicht in der Lage zu fahren. Tim sagte dem Wächter, er solle ruhig seinen Pflichten nachgehen. Er würde sich um Doris kümmern.

Er versprach, die Kollegin entweder nach Hause zu fahren oder so lange bei ihr zu bleiben, bis sie nüchtern war und selbst fahren konnte. Also setzte er sich auf den Beifahrersitz ihres Wagens und ließ seine Tür offen stehen. Es war ein warmer Septemberabend in Kalifornien. Der Zündschlüssel steckte im Schloss.

Fünf Minuten nachdem sich der Wächter auf seinen Rundgang im Amphitheater gemacht hatte, sah Doris den Lieferwagen ihres Mannes Martin auf den Parkplatz einbiegen. In panischer Angst drehte sie den Zündschlüssel um und raste davon. Die Verfolgungsjagd endete damit, dass Doris' Wagen von der Straße abgedrängt wurde. Martin zerrte seine Frau aus dem Auto und fuhr mit ihr nach Hause. Im Vorgarten ihres Hauses schoss er mehrmals auf sie – vor den Augen seiner Kinder. Danach ließ er seine Frau auf dem Rasen liegen und fuhr zum Parkplatz des Amphitheaters zurück, um auf Tim zu warten. Dieser musste ja sein Auto vom Parkplatz abholen.

Ich weiß nicht genau, was sich unterwegs abspielte, aber als Tim zu Fuß zurückging, um sein Auto zu holen, fing Martin ihn ab. Die Polizei vermutet, dass Tim versuchte, vernünftig mit ihm zu reden und ihn wahrheitsgemäß über die Situation zu informieren. Als er sich umdrehte, um weiterzugehen, schoss ihm sein Angreifer mindestens dreimal von hinten in den Kopf. Tim war auf der Stelle tot. Anschließend verstümmelte der Mörder Tims Körper.

Die Polizei fahndete sehr bald nach Martin, um den versuchten Mord an seiner Frau Doris aufzuklären. Als sie ihn schließlich gefasst hatte, brüstete sich Martin damit, einen Mord aufklären zu können, von dem die Beamten noch nichts wüssten. Dieses Mordopfer war unser Sohn Tim. Martin hatte angenommen, dass Tim eine sexuelle Beziehung zu seiner Frau gehabt hatte.

Die ersten Zeitungsberichte sprachen von einer schmutzigen Dreiecksbeziehung. Schließlich kam jedoch die Wahrheit ans Licht und ein Reporter stellte fest: „Tim war nur ein Freund – aber einer, der zur falschen Zeit am falschen Ort war." Die Erklärung? Eine dramatische Verwechslung. Ein sogenannter „normaler Mord", wie der Staatsanwalt es ausdrückte. Natürlich ist jeder Mord absolut unnormal und sinnlos, aber der Mord an meinem geliebten Sohn war wirklich durch nichts zu rechtfertigen. Wie dem auch sei, mein Sohn war tot.

Warum nur?

Unter vielen Tränen verließen wir Wien. Wie benommen setzten wir uns ins Flugzeug und begaben uns auf die lange Reise nach Kalifornien. Welch ein Schock, als uns der Leiter des Sicherheitsdienstes und der Direktor der Fluglinie persönlich am Flughafen von San Francisco erwarteten. Sie führten uns schnell in einen abgeschirmten Raum, wo unsere Angehörigen auf uns warteten. Unterdessen kümmerten sie sich um unser Gepäck.

Weshalb der Aufwand? Sie wollten uns vor der Presse schützen, die in Scharen gekommen war, um die Eltern des Mordopfers zu interviewen. Fernsehen und Zeitungen hatten ausführlich darüber berichtet, was der Mörder zu den Ereignissen zu sagen hatte. Drastische Bilder vom toten Körper unseres Sohnes erschienen im Fernsehen und in Tageszeitungen. Nun erfuhren die Journalisten, dass die Eltern des Toten Christen seien, und wollten wissen, wie wir auf den brutalen Mord reagierten. Es war ein Albtraum!

Die folgenden Monate waren geprägt von Schmerz, der wie Wellen über mich hereinbrach und mich zu ertränken drohte. Dazu gesellten sich endlose Fragen: ***„Ist Gott wirklich gut? Warum hat er das zugelassen? Wo finde ich Hoffnung, um weiterleben zu können?***" Das waren nur einige der Fragen, die mich auf meiner Reise zur Heilung plagten.

Monatelang haderte ich mit Gott nach Tims Tod. Ich fühlte mich von ihm verraten. Er hatte doch von allem gewusst! Er hätte es doch verhindern können.

Gott tröstete mich auf wundersame Weise. Er erinnerte mich daran, dass er genau zu dem Zeitpunkt von Tims Tod zu mir gesprochen hatte. In dem Moment, als Tim in Kalifornien ermordet wurde, saß ich mit meinem Mann im Gottesdienst in Wien. Der Zeitunterschied zwischen Kalifornien und Österreich beträgt neun Stunden. Als Tim gegen 2:30 Uhr Ortszeit ums Leben kam, war es also in Wien 11:30 Uhr.

Während unser Pastor predigte, spürte ich um diese Zeit plötzlich den starken Drang, für Tim zu beten. Ich wusste nicht, warum oder was ich beten sollte. Aber ich klinkte mich bewusst eine Weile aus der Predigt aus und legte ihn in Gottes Hand. Zuerst war ich noch sehr unruhig, doch dann hüllte mich ein tiefer Frieden ein. Ich war gewiss: Gott hatte mein Gebet gehört. Er würde sich um Tim kümmern, egal, wie die Situation ausgehen würde. Zwölf Stunden später erhielten wir die Nachricht: Tim ist tot.

Nach dieser Nachricht quälte mich die Vorstellung, was mein Sohn, der absolut gegen jede Gewalt gewesen war, in jener Nacht erlitten hat. Musste er um sein Leben kämpfen? Hatte er versucht, mit dem Täter zu argumentieren oder ihm vielleicht sogar die Pistole aus der Hand zu schlagen? War er einfach weggegangen, bevor der Mörder auf ihn schoss, oder musste er sich hinknien und wurde regelrecht hingerichtet? Hatte er große Schmerzen? Warum war sein Leichnam verstümmelt worden?

Ich litt unter entsetzlichen Qualen. Auf keine meiner Fragen erhielt ich eine Antwort. Ständig drehten sie sich in meinem Kopf im Kreis und führten zu Albträumen und Angstzuständen. Innerlich beschuldigte ich Gott, meine Gebete für Tim nicht erhört und sich nicht um ihn gekümmert zu haben, obwohl er mich zum Gebet gedrängt hatte. Warum nur hatte er das zugelassen? Ich fühlte mich verraten und im Stich gelassen.

Zeichen seiner Liebe

Nach und nach machte Gott mir klar, dass er meine Gebete für Tim sehr wohl erhört hatte. Er tröstete mich mit der wachsenden Gewissheit in mir: Er war in jener schrecklichen Nacht bei Tim! Er gab ihm die Kraft, dem Tod ins Auge zu sehen und würdevoll den Schritt in seine himmlische Heimat zu tun.

Genau das Ereignis, das der Grund meines Haderns mit Gott war, wurde für mich zur Quelle des größten Trostes. Erst dachte ich, Gott hätte mein Gebet nicht gehört und sich geweigert, meinen Sohn zu retten. Doch in Wirklichkeit war dieser Moment im Gottesdienst sein Geschenk, mit dem er mich von meiner Furcht und den quälenden Gedanken heilen wollte.

Diese Gewissheit tröstete mich. Ich spürte Gottes Liebe und wusste: Er war bei Tim und hat ihn zu sich nach Hause geholt. Auch wenn ich nicht verstand, warum Gott diesen Mord zugelassen hatte, war ich doch sicher: Ich würde Tim im Himmel wiedersehen. Die Realität des Himmels wurde für mich zu einer Quelle erwartungsvoller Vorfreude.

Heute kann ich klar sagen: *„Ja, Gott ist gut, auch wenn das Leben oft unfair ist“*. Diese Worte ließen wir als Inschrift auf Tims Grabstein meißeln.

Schließlich gab ich die Warum-Frage ganz auf. Dafür schenkte Gott mir eine neue, heilsamere Frage: „Was willst du tun, Gott, um durch diese schreckliche Situation doch noch Gutes zu bewirken, damit Menschen dich erkennen und Heilung finden?“ Während die neue Frage nach dem Wozu über die Jahre immer lauter wurde, hörten die Fragen nach dem

Warum langsam auf. Bis heute ist es die Frage nach dem Wozu, die mich bewegt und vorantreibt in meinem Leben und meinem Dienst.

Während ich diesen schmerzvollen Weg zurücklegte, lernte ich, dass Gott allein die Quelle meiner Hoffnung ist. Nichts und niemand auf der Welt hätte mir Frieden schenken können. Nur er half mir, dass ich nicht in den Wirren der Traurigkeit unterging. Ich war gewiss: Ihm konnte ich vertrauen. Alles, was er mir verspricht, wird er einhalten.

Besonders in den ersten schrecklichen Wochen nach Tims Tod fühlte ich mich von Gott getragen: wie eine kostbare Mingvase, die man zum Schutz in Luftpolsterfolie einwickelt. Gott veranlasste Freunde, Nachbarn und sogar völlig Fremde, sich um mich zu kümmern. Ich war nicht allein. Immer, wenn ich das Gefühl hatte, die Last nicht länger tragen zu können, kam jemand, der mir half, für mich betete oder nur zuhörte. Gott gab mir die Kraft, mich dem Leben neu zu stellen.

All das waren Zeichen seiner Liebe.

Wie will ich reagieren?

Natürlich beschäftigten mich trotz des Trostes weitere Fragen: „Erwartet Gott wirklich von mir, dass ich dem Mörder vergebe?" „Schaffe ich es, dem Gift der Bitterkeit zu entkommen?" Oder: „Was wäre, wenn ich mich entscheide, diesen Mann zu hassen?"

Ich bin überzeugt: Jeder Mensch muss sich irgendwann im

Leben mit ähnlichen Fragen auseinandersetzen. Denn wir leben in einer oft finsteren, kaputten Welt. Manche Menschen treffen Entscheidungen, an denen wir nichts mehr ändern können. Keinem von uns bleiben Enttäuschungen und Schmerz erspart. Wer geht schon ohne irgendeine Enttäuschung durchs Leben oder muss nie Träume begraben?

Zahlreiche Menschen werden Opfer von Gewalt und Missbrauch. Sie sind als Kind misshandelt oder vernachlässigt worden. Oder sie haben eine schmerzliche Scheidung hinter sich. Vielleicht leiden sie auch mit einem Angehören mit, der Leid erfahren hat. Auch geistlicher Missbrauch in Gemeinden oder Mobbing am Arbeitsplatz hinterlässt Wunden und Fragen. Deshalb, glaube ich, wird sich jeder der zentralen Frage stellen müssen: „Erwartet Gott von mir, dass ich vergebe?“

Kapitel 2

Gottes „unmögliches" Ziel
Das Siebzigmal-sieben-Prinzip

„Würde ich auf Gott hören oder meinen eigenen Weg gehen?"

In den ersten Wochen nach Tims Tod überwältigten mich meine Gefühle schier. Der Schmerz war roh und unbeschreiblich tief. Eines war mir klar: Wenn Gott mich nicht stärken und trösten würde, könnte ich das alles nicht überleben. Meine Kraft reichte einfach nicht aus. Die Trauer würde mich in eine tiefe Dunkelheit stürzen. Ich würde gar nicht mehr leben *wollen*!

Ich wusste auch: Jetzt würde sich zeigen, wie ernst ich Gott und sein Wort tatsächlich nahm. Der Mord stellte meinen Glauben auf die Probe. Würde ich auf Gott hören oder meinen eigenen Weg gehen? Je mehr ich in der Bibel las, desto mehr erkannte ich Gottes klaren Weg. Ich sollte dem Mörder meines Sohnes vergeben. Doch war das überhaupt möglich?

Aktuelle Untersuchungen zeigen, dass viele Menschen in der westlichen Kultur glauben, manche Vergehen könnten *niemals* vergeben werden.[1] Sie sind überzeugt, gewisse Taten seien so gravierend, dass es unmöglich wäre, sie zu vergeben. Diese Aussage wird wohl wenige überraschen.

Interessant ist jedoch, dass selbst manche Christen dieser Meinung sind. Ganz deutlich erinnere ich mich daran, was ein Pastor auf einer Konferenz in Budapest sagte: „Gott verlangt nicht von uns, ein Vergehen wie Mord zu vergeben." Es wäre leicht gewesen, diesen Satz während meiner tiefen Trauer zu unterschreiben. Doch für mich lautete die entscheidende Frage nicht: Was glauben andere Leute?

Ich wollte wissen: Was sagt Gott? Und wie kann und will ich darauf reagieren?

Zunächst erschien mir das Gebot der Vergebung ungerecht! Ich verstand es einfach nicht. Sollte mir mein Glaube nicht gerade jetzt helfen, statt ein „unmögliches" Ziel zu setzen? Als junges Mädchen hatte ich Christus als meinen Retter angenommen. Ich wusste, dass Gott mir vergeben und mich als sein Kind angenommen hatte. Ich brauchte mir seine Liebe nicht zu verdienen durch blinden Gehorsam gegenüber seinen Geboten. Trotzdem war mir klar: Gottes gute Absichten in meinem Leben erfüllen sich, wenn ich auf sein Wort höre, bewusst mit ihm meine Entscheidungen treffe.

Gottes Gebot: Schutz oder Last?

Früher war ich fest davon überzeugt, dass Gott keine Gebote gibt, die mir schaden. Im Gegenteil: Alle Gebote sollen mich vor Schaden beschützen und dafür sorgen, dass ich mit dem Besten beschenkt werde und Gottes Wirken erlebe.

In den ersten Monaten nach dem Tod meines Sohnes war ich jedoch verwirrt: Galt das auch für das Gebot zu vergeben? Wie konnte ich diesem Mann vergeben, der meinen Sohn so brutal ermordet und so viel Leid über unsere Familie gebracht hatte? Wovor sollte mich dieses Gebot schützen, während ich durch das Tal des Todes schritt? Welchen Segen könnte es je bringen? Fragen über Fragen …

Wie nie zuvor sehnte ich mich nach Antworten. In meiner größten Schwachheit brauchte ich Gott und seine Wegweisung nötiger denn je. Also fing ich an, die Bibel zu studieren. Ich beleuchtete sämtliche Stellen über Vergebung und Gottes Gebote dazu.

Ich las, dass Gott mir „alle Schuld vergeben" hat (Kolosser 2,13). Er starb, damit er mir vergeben konnte, obwohl ich es nicht verdiente. War das die Norm für Vergebung, die Gott von mir erwartete – eine Norm ohne Ausnahme, die auch für einen Mörder galt? Das wäre in der Tat eine schwierige Reise.

Ich konnte nicht auf Unwissenheit plädieren oder mir aussuchen, welche Gebote ich befolgen wollte und welche nicht. Also fuhr ich fort, die Bibel zu durchforschen, um zu sehen, was Gott über Vergebung zu sagen hat: „Vergebt einander, so wie Gott euch durch Jesus Christus vergeben hat" (Epheser 4,32). Hätte man es noch eindeutiger ausdrücken können?

Aber warum? Es muss einen Grund dafür geben, dass Gott etwas von mir fordert, das unmöglich scheint. Erst nach einer Weile begriff ich einige Gründe hinter dem Gebot, die ich später erwähnen werde. Als Erstes musste ich jedoch das Wesen von Gottes Vergebung verstehen. Nur so konnte ich nachvollziehen, was es bedeutete, dem Mörder meines Sohnes auf die gleiche Weise zu vergeben. Gott verlangt nicht von mir, etwas zu tun, wobei er mir nicht selbst als Vorbild vorangeht.

Vergebung aus Gottes Sicht

Gott verlangt nichts von uns, was er nicht selbst vorbereitet und getan hat. Deshalb begann ich mein Bibelstudium mit der Vergebung *Gottes*, nicht den Geboten für Menschen. In Kolosser 2,13–14 las ich:

„Eure Schuld trennte euch von Gott, aber er hat euch mit Christus lebendig gemacht und alle Schuld vergeben. Gott hat den Schuldschein, der uns mit seinen Forderungen so schwer belastete, eingelöst und auf ewig vernichtet, indem er ihn ans Kreuz nagelte."

Drei Dinge fielen mir dabei besonders auf:

1. Gott hat uns Menschen *alle* Schuld vergeben.
2. Gott selbst hat den Schuldschein eingelöst und teuer bezahlt.
3. Gott hat ihn *auf ewig* vernichtet.

In Titus 3,7 steht klar, dass wir Menschen Gottes Vergebung nicht verdienen. Er befreit uns von aller Schuld „allein durch seine unverdiente Güte":

„So sind wir allein durch seine unverdiente Güte von aller Schuld befreit und warten voller Hoffnung auf das ewige Leben, das wir als seine Kinder erben werden."

Nachdem ich über die Vergebung Gottes nachgedacht hatte, suchte ich Stellen, die mir als Mensch beim Vergeben helfen. Folgende Verse sind mir dabei zu Wegweisern auf meiner Reise geworden:

- „Ihr seid von Gott auserwählt und seine geliebten Kinder ... seid bereit, einander zu vergeben, selbst wenn ihr glaubt, im Recht zu sein. Denn auch Christus hat euch vergeben."
  Kolosser 3,12–13

- „Mit Bitterkeit, Jähzorn und Wut sollt ihr nichts mehr zu tun haben. Schreit einander nicht an, redet nicht schlecht über andere, und vermeidet jede Feindseligkeit. Seid vielmehr freundlich und barmherzig, und vergebt einander, so wie Gott euch durch Jesus Christus vergeben hat."
  Epheser 4,31–32

- „Aber wenn ihr ihn um etwas bittet, sollt ihr vorher den Menschen vergeben ... Dann wird euch der Vater im Himmel eure Schuld auch vergeben."
  Markus 11,25

- „Vergib uns unsere Schuld, wie wir denen vergeben, die uns Unrecht getan haben ... Euer Vater im Himmel wird euch vergeben, wenn ihr den Menschen vergebt, die euch Unrecht getan haben. Wenn ihr ihnen aber nicht vergeben wollt, dann wird Gott auch eure Schuld nicht vergeben."
  Matthäus 6,12.14–15

Mehr als fair

Ich wusste: Gottes Vergebung für uns Menschen ist *völlig unverdient*. Keiner hat sie sich erarbeitet. Ich erinnerte mich daran, was ein zwölfjähriges Mädchen aus Mexiko einmal gesagt hatte. Es unterhielt sich damals mit seiner Mutter darüber, dass das Leben oft ungerecht ist. Das Mädchen sagte: „Mama, wenn es im Leben gerecht zugehen würde, dann würden wir alle in der Hölle landen."

Ich war beeindruckt! Sie hatte begriffen, dass Gottes Erlösung nicht auf „Gerechtigkeit" basiert. Niemand könnte sie sich durch gute Taten verdienen! Es geht dabei nicht um persönlichen Verdienst, sondern allein um die Güte und Gnade Gottes.

Gott nimmt Schuld aber sehr ernst. Sonst hätte er nicht seinen eigenen Sohn auf diese Erde gesandt, um die Strafe für unsere Sünde zu bezahlen. Er bietet uns das kostenlose Geschenk der Errettung an – einschließlich der Vergebung aller unserer Sünden –, doch dafür hat er selbst den Preis in Blut gezahlt.

Diese Wahrheit kann ich nur schwer begreifen. Aber sie zeigt mir, wie ernst es Gott damit ist, dass auch wir denen, die uns verletzen oder beleidigen, wirklich vergeben. Sein Wort sagt klar: „Mit Bitterkeit, Jähzorn und Wut sollt ihr nichts mehr zu tun haben … vergebt einander, so wie Gott euch durch Jesus Christus vergeben hat." Das bedeutet: Vergebung sollte eine *natürliche Reaktion* für alle sein, die selbst Gottes Vergebung erfahren haben.

Jesus legte die Messlatte noch höher, als er sagte: „Euer Vater im Himmel wird euch vergeben, wenn ihr den Menschen vergebt, die euch Unrecht getan haben. Wenn ihr ihnen aber nicht vergeben wollt, dann wird Gott auch eure Schuld nicht vergeben (Matthäus 6,14–15). Viele Theologen sind sich einig, dass Jesus in diesem Vers *nicht* lehrt, dass wir uns Gottes Vergebung „verdienen", indem wir anderen vergeben. Dennoch spiegelt es die Beziehung wider, die ich zum Vater im Himmel habe. Indem wir vergeben, zeigen wir, dass wir fähig sind, Vergebung anzunehmen.

Das Geschenk der Vergebung sollte mich und mein Leben verändern – immer wieder. Und weil ich selbst Vergebung erlebt habe – wenn auch nicht für einen Mord –, bin ich gefordert, selbst dem Mörder unseres Sohnes zu vergeben. Durch Gottes Gnade konnte und sollte ich es tun.

Gottes Wort sagt gewissermaßen: „Wie kannst du nicht vergeben wollen, nachdem du selbst Vergebung erlebt hast?" Es ist undenkbar, dass Menschen, die selbst unverdient das Geschenk der Vergebung erhalten haben, anderen Menschen ihre Schuld nicht verzeihen!

Das kostenlose Geschenk der göttlichen Vergebung fordert von mir, einen Geist der Vergebung zu kultivieren. Wenn ich verstehe, wie tief meine Schuld Gott gegenüber ist und wie sehr ich auf seine Gnade angewiesen bin, sollte ich mich entscheiden, Menschen zu vergeben, die mir Unrecht getan haben. Mit anderen Worten: Wenn ich anderen vergebe, ist das ein *Zeichen* dafür, dass mir vergeben worden ist. Gott ist mehr als fair. Deshalb sollte auch ich es sein.

Das Siebzigmal-sieben-Prinzip

Ehrlich gesagt, gefiel mir diese These erst gar nicht! Ich bin so dankbar, dass selbst die Jünger Probleme damit hatten, was Jesus über Vergebung lehrte. Vielleicht würde Gott auch meine Schwierigkeiten dabei verstehen? In Matthäus 18,21–35 las ich, wie Petrus mit der Frage an Jesus herantrat: „Herr, wie oft soll ich jemandem, der an mir schuldig wird, vergeben? Bis siebenmal?"

Sicherlich kam sich Petrus *sehr* geistlich vor, als er diese Frage stellte. Sein Vorschlag ging nämlich weit über das hinaus, was in jener Zeit in Bezug auf Vergebung üblich war. Gemäß der alttestamentlichen Vorschrift in 2. Mose 21,24 war das Racheüben auf „ein Auge für ein Auge" begrenzt. Laut rabbinischer Überlieferung wurde im ersten Jahrhundert nach Christus gelehrt, dass man dreimal vergeben sollte, wenn einem Unrecht geschah. Aber beim vierten Mal durfte sich jeder rächen. Petrus hat diese Zahl also mehr als verdoppelt, als er *siebenmal* vorschlug.

Natürlich hatte ich schon oft gehört, was Jesus antwortete: „Ich sage dir: Nicht bis siebenmal, sondern bis *siebzigmal sieben.*" Können Sie sich vorstellen, wie schockiert die Jünger waren? Hier ging es nicht darum, eine vorgeschriebene Anzahl von Vergehen zu notieren, die man vergeben musste, bevor man Rache üben durfte. Nein, dies war ein nagelneuer Standard für Gläubige! Vergeben sollte zum *normalen* Lebensstil werden. Es gehört sozusagen zur DNA eines Gotteskindes. Wie oft soll ich als Gläubige vergeben? Immer wieder. Tagtäglich.

Das Gleichnis der Vergebung

Matthäus 18

Mich bewegt das Gleichnis, in dem Jesus deutlich macht, wie Gottes Vergebung mit meiner persönlichen zusammenhängt. Er erzählte die Geschichte von einem König, der einem seiner Diener eine riesige Schuld an Geld erließ. Unmittelbar danach traf dieser Diener einen Kollegen, der ihm eine kleine Summe schuldete. Anstatt ihm nun die Schuld ebenfalls zu erlassen, packte der Diener seinen Kollegen an der Gurgel und bestand auf sofortiger Rückzahlung. Er zeigte absolut keine Gnade, wollte nicht vergeben und war nicht bereit, auf sein Geld zu warten. Vielmehr ließ er seinen Schuldner ins Gefängnis werfen.

Andere Diener berichteten dem König, was passiert war, worauf dieser mit den Worten reagierte: „Du böser Knecht! Deine ganze Schuld habe ich dir erlassen, weil du mich angefleht hast. Hättest du da nicht auch Erbarmen mit deinem Mitknecht haben müssen, so wie ich mit dir Erbarmen hatte?“ (Matthäus 18,32–33). Dann verlangte der König, dass der Diener, der nicht vergeben wollte, so bestraft werden sollte, als wäre ihm seine Schuld niemals erlassen worden.

Aus diesem Gleichnis lernte ich, dass ich als Kind Gottes einem großen König diene, der mir viel mehr vergeben hat, als ich jemals vergeben müsste. Ich werde nur ein Leben unter Gottes Segen und Freude erfahren, wenn ich willens bin, so zu vergeben, wie Gott mir vergeben hat. Ich hörte einmal folgenden Kommentar über dieses Gleichnis: „Diejenigen, denen vergeben wurde, müssen vergeben, damit sie sich nicht als unfähig erweisen, Vergebung zu erfahren.“

Außerdem überraschte mich eine neue Erkenntnis im Prinzip „siebzigmal sieben". Früher habe ich die Stelle so interpretiert: Selbst wenn mich eine Person immer wieder verletzt, soll ich ihr jedes Mal vergeben. Erst durch Tims Tod verstand ich einen neuen Aspekt der Vergebung nach dem Prinzip „siebzigmal sieben": Der Mord war so schwerwiegend, dass ich auf meiner Reise immer wieder vergeben muss.

Manche Vergehen – auch wenn sie nur einmal geschehen – ziehen viele Folgen nach sich. Es würde nicht genügen, einmal Vergebung auszusprechen. Anfangs erwähnte ich diese Tatsache bereits: Der Mord war eine Tat, die weite Kreise zog, wie ein riesiger Stein, der ins Wasser geworfen wurde. Die Folgen brachen wellenartig über uns als Familie herein. Deshalb stand ich vor einer besonderen Herausforderung: *Würde ich immer wieder vergeben? Siebzigmal sieben?*

Kapitel 3

Zerstörerische Umwege

Das Gift der Bitterkeit

„Ich wollte mich an meinen Schmerz klammern, an meinem ‚guten Recht' festhalten."

„Ich fühle mich so erschöpft – völlig leer", schrieb ich einige Jahre nach Tims Tod in mein Tagebuch. „Der Versuch, meine Gefühle zu kontrollieren, während ich gleichzeitig meinen Schmerz verarbeite, ist wie eine Herkules-Aufgabe. Die Jahre vergehen – und doch ist der Schmerz immer noch so stark …" Wie konnte ich nur diesem Schmerz entkommen?

Nachdem ich die Bibel intensiv studiert hatte, war mir klar, was Gott von mir erwartete: Ich sollte den schweren Weg einschlagen und Tims Mörder vergeben. Allein um Gott zu gefallen und seinem Gebot zu folgen, wollte ich es tun.

Doch ich musste trotzdem erst einmal verstehen, warum ich an meiner Wut nicht festhalten sollte. Welche Folgen würde ich erleben, wenn ich weiter ein „normales Verhalten" – wie manche es nannten – an den Tag legte und unversöhnlich blieb? Ja, ein großer Teil in mir wollte sich an meinen Schmerz klammern, an meinem „guten Recht" festhalten, diesen Menschen zu hassen. Warum durfte ich das denn nicht?

Da ich glaubte, dass alle Gebote Gottes mir zum *Guten*

Vergebung und die Wissenschaft

Im Mai 1998 startete eine 10 Millionen US-Dollar teure Kampagne zur Erforschung von Vergebung, initiiert vom früheren US-Präsident Jimmy Carter, Erzbischof Desmond Tutu aus Südafrika und der christlichen Autorin Elisabeth Elliot. Dieses gemeinnützige Unternehmen sammelte Spenden, mit denen Forschungsprojekte zum Thema Vergebung unterstützt werden sollten.

Ebenfalls im Jahr 1998 erkannte die John-Templeton-Stiftung 29 Wissenschaftlern Subventionen für die Forschung über Vergebung zu. Zurzeit untersucht das „International Forgiveness Institute" an der Wisconsin-Madison-Universität die Rolle, die Vergebung spielt, um Menschen zusammenzubringen, die Heilung ihrer Verletzungen zu fördern sowie Bitterkeit abzubauen und so die Harmonie in gestörten Beziehungen wiederherzustellen.[2]

Außerdem forscht das Mendota Mental Health Center, eine weltbekannte Institution für seelische Gesundheit, darüber, wie Vergebung die Rehabilitation von Straftätern beeinflusst.[3]

Momentan listet Google über 63 Millionen Einträge über Vergebung auf, mehr als 20.000 davon mit dem Vermerk, dass Untersuchungen darüber laufen bzw. angefragt sind. Amazon hat fast 500.000 Titel im Angebot, die mit „Vergebung" oder „vergeben" zusammenhängen. Selbst populäre weltliche Zeitschriften bringen Artikel, in denen versichert wird, dass Vergebung so wichtig ist, um die seelische und körperliche Gesundheit zu verbessern.

Die Barna Research Group hat eine Umfrage bezüglich der „Ansichten von Amerikanern über Vergebung" durchgeführt.[4]

All diese aufschlussreichen Ergebnisse haben mir auf meiner Reise geholfen, Vergebung besser zu verstehen. Deshalb möchte ich nicht nur meine Geschichte erzählen, sondern all diese wissenschaftlichen Erkenntnisse weitergeben.

gegeben sind, forschte ich weiter: in der Psychologie und Medizin. Ich analysierte genau, was ich gewinnen oder verlieren würde, wenn ich vergab – oder eben auch nicht.

Überrascht war ich von der Fülle der Forschungsarbeiten zum Thema „Vergebung" weit über den christlichen Bereich hinaus. Was die Bibel seit Jahrtausenden lehrt, unterstreicht nun auch die Wissenschaft weltweit. Die Bereitschaft zu vergeben wird heute nicht nur als christliche Tugend angesehen. Wissenschaftler ganz unterschiedlicher Bereiche – von Sozialwissenschaft und Psychologie über Management, Kriminologie und Medizin – erkennen mittlerweile die Bedeutung der Vergebung an.

Wenn Zorn die Seele frisst

Während ich verschiedene Studienarbeiten durchforschte, erfuhr ich: Eine Haltung des Nicht-vergeben-Wollens ist nichts Statisches. Sie ist keine Haltestelle auf der Reise zur Vergebung. Wer nicht vergeben will, bleibt nicht einfach an diesem Punkt stehen. Vielmehr gleicht die Entscheidung einer Wegkreuzung. Vergebung zu verweigern führt auch auf eine Reise: innerlich hart zu werden. Die Bitterkeit entwickelt sich zu einem Krebsgeschwür, das immer weiter um sich frisst und letztlich jeden Lebensbereich zerstören kann.

Die beiden tödlichen Stadien dieses Krebsgeschwürs heißen Groll und Bitterkeit. Dabei spielt die Ursache zunächst gar keine Rolle! Egal, ob es sich um die geringste Beleidigung oder um das größte Unrecht handelt: Menschen können Gefühle des Nicht-vergeben-Wollens hegen und dadurch der Bitterkeit in ihrem Herzen Tor und Tür öffnen.

Langsam begriff ich: Gott fordert mich auf, dem Mörder meines Sohnes zu vergeben, um das Krebsgeschwür der Bitterkeit zu vermeiden. Deshalb ermahnt er mich liebevoll, so zu vergeben, wie er mir vergeben hat.

Bitterkeit wirkt sich auf jeden Bereich des Lebens aus. Aber eben auch Vergebung. Wer bereit ist zu vergeben, erlebt tief greifende Veränderung – manchmal sogar über Nacht! Diese Entscheidung kann mein Leben komplett verändern und sogar das anderer.

Wenn der Zorn aufflammt, scheint die Alternative aber verlockender: Festhalten an der Wut, die Gedanken immer wieder um das Ereignis kreisen lassen, Wunden lecken ... Deshalb bewegte mich die Art, wie Frederick Buechner die negative Wirkung von Zorn beschreibt:

„Von den sieben Todsünden macht Zorn vielleicht am meisten Spaß. Seine Wunden wegen längst vergangener Kümmernisse zu lecken, sich in Gedanken mit den zukünftigen heftigen Auseinandersetzungen zu beschäftigen, den Schmerz, der einem zugefügt wurde, und den Schmerz, den man selbst dem anderen zufügen wird, bis zum letzten wohlschmeckenden Bissen auszukosten – in vieler Hinsicht ist das ein königliches Festmahl. Der größte Nachteil dabei ist, dass das, was man hinunterschlingt, man selbst ist. Die Knochen, die vom Festmahl übrig bleiben, sind die eigenen.“[5]

Auf den ersten Blick erscheint der Weg des Zorns angenehmer und leichter. Doch der Preis ist erschreckend hoch! Als ich den Schaden, der durch Bitterkeit verursacht werden kann, ehrlich betrachtete, wusste ich: Vergebung zu verweigern würde mich alles kosten. Die Bitterkeit würde mich innerlich auffressen.

Bitterkeit macht krank

Auch Ärzte bestätigen die negativen Auswirkungen, die Zorn und Bitterkeit auf unseren Körper haben. Jedes Organ kann betroffen sein. „Während meiner über vierzigjährigen Tätigkeit als Arzt“, schreibt Dr. Gerald Jampolsky, „habe ich Menschen mit unterschiedlichen Krankheiten – von Rückenproblemen über Magengeschwüre und Bluthochdruck bis hin zu Krebs – kennengelernt, bei denen Symptome verschwanden, als die Patienten lernten zu vergeben … Wir wissen heute, dass fehlende Vergebungsbereitschaft … nervliche Spannungen verursacht, die die physiologischen Systeme, von denen unsere Gesundheit abhängt, beeinflussen. Sie wirken sich auf unseren Blutkreislauf und auch auf die Leistungsfähigkeit unseres Immunsystems negativ aus. Sie setzen unser Herz, unser Gehirn, praktisch jedes Organ unseres Körpers großen Belastungen aus. Fehlende Vergebungsbereitschaft ist tatsächlich ein gesundheitlicher Risikofaktor.“[6]

Was die Mediziner bestätigen, steht schon lange in Gottes Wort. Schon König David beschrieb, wie seelische Belastungen sich auf unseren Körper auswirken: „Solange ich meine Schuld verschwieg, wurde ich von Krankheit zerfressen, den ganzen Tag habe ich nur gestöhnt. Tag und Nacht lastete deine Hand auf mir. Da verging mir aller Lebensmut, ich verlor jede Kraft wie unter stechender Sonnenglut“ (Psalm 32,3–4; NGÜ).

Bitterkeit ist tödlich. Sie zerstört meine Gesundheit und frisst meine Lebenskraft. Ein horrender Preis für mein „Recht“, am Hass festzuhalten!

Wenn die Seele verbittert

Zusammen mit dem Schaden, den die Bitterkeit dem Körper zufügt, vergiftet sie auch die emotionale und psychische Gesundheit. „Bereits vor vielen Jahren bin ich zu dem Schluss gekommen", schreibt der Psychologe David Seamonds, „dass die meisten seelischen Probleme unter Christen dadurch verursacht werden, dass sie es nicht schaffen, Gottes bedingungslose Liebe, Vergebung und Gnade zu verstehen, anzunehmen und gegenüber anderen Menschen auszuleben".[7]

Mangelnde Vergebung kann auch zu unlogischen Ängsten und unnötigen Schuldgefühlen führen[8], oder aber sogar Depressionen, Erschöpfung, Gereiztheit, Panikattacken sowie Nervosität und Schlaflosigkeit verursachen.[9]

Mir wurde klar: Letztlich läuft Bitterkeit auf einen emotionalen Selbstmord hinaus, für den ich selbst verantwortlich wäre. Denn wer nicht vergeben will, schluckt täglich Gift. Die Bitterkeit vergiftet Herz und Kopf und verzerrt die gesamte Lebensperspektive. Zorn, Groll und Traurigkeit überschatten und überwältigen die Person, die nicht bereit ist zu vergeben, mehr und mehr. Es ist eine Art „Seelenverschmutzung, die böse Begierden und schlechte Gefühle entflammt".[10]

Mich gegen die Vergebung zu entscheiden ist wie Gift in meiner Seele. Einmal hörte ich: Es gleicht einer Frau, die eine Rattenplage im Haus hat. Sie geht ins Geschäft und kauft ein starkes Rattengift, um die Plagegeister loszuwerden. Anstatt das Gift nun aber auszulegen, damit die Ratten es fressen und verenden, trinkt sie es selbst und *meint, die Ratten würden eingehen!*

Ich war entschlossen, das Rattengift nicht zu trinken, sondern lieber zu vergeben! Ich wollte mich nicht von diesem Gift zerstören lassen. Ich musste nach Vergebung streben, auch wenn es noch so schwer war.

Bitterkeit zerstört Beziehungen

Eigentlich überzeugten mich die bisherigen Argumente über physische und psychische Schäden. Doch das war noch längst nicht alles! Mangelnde Vergebungsbereitschaft schadet auch den Menschen, die ich am meisten liebe. Alle um mich herum können dadurch in Mitleidenschaft gezogen werden. Denn Groll ist ansteckend. Er ermutigt andere, ebenfalls bitter zu werden.

Mehr noch: Seltsamerweise neigen Menschen, wenn sie sich auf ihre Bitterkeit und die Person, die sie verletzt hat, konzentrieren, vermehrt dazu, „den Kreislauf der Misshandlung fortzusetzen, der letztlich in einer Sackgasse endet", erklärt Dr. Sidney Simon[11]. Mit anderen Worten: Ich bin dazu fähig, um nicht zu sagen, dazu verurteilt, mich anderen gegenüber auf ähnlich schädliche Weise zu verhalten. Ein Beispiel: Wenn eine Person ihren Vater leidenschaftlich hasst, weil er sie als Kind schlecht behandelt hat, und sich weigert, ihm zu vergeben, wird sie höchstwahrscheinlich eigene Kinder ebenfalls schlecht behandeln.

Oh, ich werde vielleicht nie einen anderen Menschen umbringen, aber wenn ich zulasse, dass meine Bitterkeit wächst, wird eines Tages blanker Hass daraus – und Jesus hat gesagt, dass Hass eine ebenso schlimme Sünde ist wie Mord. Hass vergiftet Beziehungen. Auf diese Weise setzt sich der zerstörerische Kreislauf fort.

Bitterkeit – eine geistliche Gefahr

Auch geistlich richtet Bitterkeit großen Schaden an. Der Böse kann Bitterkeit nutzen, um uns Menschen zu Fall zu bringen. Eine wichtige Bibelstelle zu diesem Thema fand ich in den Briefen des Apostels Paulus: „Wem ihr vergebt, dem vergebe ich auch … Denn wir kennen die Absichten Satans nur zu genau und wissen, wie er uns zu Fall bringen möchte. Aber das soll ihm nicht gelingen“ (2. Korinther 2,10–11).

Aus dem Griechischen geht hervor, dass wir Satan ein *topos* geben, ihm „Zutritt oder eine Ausgangsposition“ verschaffen, wenn wir nicht vergeben. Anders gesagt: Ich will vergeben, damit Satan mich nicht in eine Falle locken kann. Selbst als Christ lade ich sozusagen das Böse ein, in mein Leben zu kommen, wenn ich nicht vergebe.

Deshalb ist Bitterkeit eine große geistliche Gefahr. Es ist ein Risikofaktor im Hinblick auf meine geistliche Gesundheit. Bitterkeit ist eine offene Einladung zur Unfreiheit. Satan weiß, dass er mir meine Stellung als Gotteskind nicht rauben kann. Aber er ist in der Lage, mich zu schikanieren und zu bedrängen. Wenn ich mich weigere zu vergeben, öffne ich dem Bösen die Tür und rolle quasi den roten Teppich für ihn aus. Satan freut sich riesig über jeden Christen, dessen Herz verhärtet ist.

Aus all diesen Gründen ist fehlende Vergebungsbereitschaft nichts Statisches. Sie führt zu Groll und Bitterkeit, die wiederum von einem verhärteten Herzen zeugen.

Mit einem verhärteten Herz leben? Nein danke! So wollte

Zeichen eines verhärteten Herzens

Folgende Merkmale können Zeichen eines verhärtenden Herzens sein, aber natürlich bietet diese Liste[12] nur mögliche Hinweise, und um von einem verhärteten Herz zu sprechen, müssen viele der Anzeichen vorhanden sein.

- Allgemeines Misstrauen
- Ichbezogenheit
- Emotionale und soziale Isolation; der Mensch zieht sich zurück
- Gefühllosigkeit gegenüber anderen Menschen und dem Heiligen Geist
- Mangel an Verständnis und Einsicht
- Ein „schlafendes" Gewissen
- Eine kritische und verdammende Haltung anderen gegenüber
- Einsamkeit
- Entfremdung
- Zorn und Wut
- Zerstörerisches, zwanghaftes Verhalten oder Sucht
- Mangel an Frieden und Freude

ich mein Leben nicht verbringen. Es würde weder zu meiner Gesundheit beitragen noch dem Andenken meines Sohnes Ehre machen. Auch würde es Gott, meinem himmlischen Vater, nicht gefallen. Nach meinen Nachforschungen stand fest: Ich wollte nicht den hohen Preis zahlen – und anderen sowie mir selbst körperlich, seelisch und geistlich schaden –, nur um an meinem „Recht", nicht zu vergeben, festzuhalten.

Deshalb wollte ich eine klare Entscheidung treffen: Ja, ich will Gottes Weg gehen. Die Frage war nur: *Würde mein Vertrauen zu ihm stark genug sein, um meine Bitterkeit loszulassen?*

Die Entscheidung

Mitten in diesem Entscheidungsprozess las ich ein Zitat, das mein Leben geprägt hat. Es stammt von dem jüdischen Psychologen Viktor Frankl. Als junger Mann hatte er den Holocaust überlebt. Er hatte in den Konzentrationslagern beobachtet, dass einige der Opfer die Schrecken jener Zeit zwar körperlich überstanden hatten, aber in allen übrigen Bereichen ihres Lebens ruiniert waren. Sie konnten sich nie wieder davon erholen, selbst nach ihrer Entlassung aus dem Lager nicht.

Auf der anderen Seite gab es solche, die die gleichen Verluste und die gleiche furchtbare Behandlung erlebt hatten, es aber nicht zuließen, dass ihre Opferrolle sie kaputtmachte. Diese KZ-Überlebenden waren nach ihrer Entlassung in der Lage, ein fruchtbares, heiles Leben zu führen. Seine Beobachtungen im Konzentrationslager führten Frankl zu folgender Erkenntnis: Selbst Menschen im Konzentrationslager kann man eines nicht nehmen: die letzte menschliche Freiheit, sich auf die Umstände „so oder so einzustellen". Er war sich sicher: „Es gab ein ‚So oder So'!"[13]

Erstaunlich! Soweit mir bekannt ist, wusste Frankl nichts von der Kraft des Heiligen Geistes, die Menschen zu einer solchen Entscheidung befähigt. Aber er wusste, dass die Fähigkeit, seine innere Einstellung selbst zu wählen, in die DNA jedes Menschen eingebaut ist. Kein Mensch und auch kein Umstand kann ihm diese Wahl rauben.

Wenn ein Überlebender des Holocaust so etwas sagen kann, dachte ich, muss ich das doch auf mein Leben mit Gott übertragen können. Seitdem glaube ich fest: Wenn mir auch alles andere genommen wird, bleibt mir dennoch die letzte menschliche Freiheit: die Freiheit zu entscheiden, wie ich reagieren will.

Natürlich hätte ich die Verantwortung für meine Gefühle lieber dem Täter in die Schuhe geschoben. Aber das wäre falsch. Niemand macht mich bitter. Es ist meine Entscheidung, mit Bitterkeit zu reagieren. Ja, ich wollte mit Gottes Hilfe Verantwortung für meine innere Einstellung übernehmen. Ich konnte mich entscheiden zu vergeben.

Von Anfang an wusste Gott, dass Vergeben die *einzige* Möglichkeit für mich war, innere Heilung und Wachstum im Glauben zu erleben. Ich konnte wählen, ob ich in der Sklaverei der Bitterkeit *oder* in der Freiheit der Vergebung leben wollte.

Ich entschied mich für die Freiheit.

Kapitel 4

Die Straßensperren
Mythen der Vergebung

„Jede meiner ‚Ja, aber …'-Einschränkungen beruhte auf Missverständnissen."

Fast jedes Mal, wenn ich auf einer Konferenz über das Thema Vergebung spreche, gibt es Leute, die sagen: „Ich weiß, dass Gottes Wort das sagt, aber …"

Was nach dem großen „Aber …" kommt, reicht von: „… ich kann einfach nicht vergessen, was man mir angetan hat", bis zu: „… er hat es nicht verdient, dass ich ihm vergebe".

Auch ich kannte vieler dieser Sätze – und manche wurden zu Straßensperren auf meiner Reise zur Vergebung. Deshalb war es wichtig, jeden Mythos unter die Lupe zu nehmen. Ich wollte alles im Licht Gottes sehen. Schließlich ist das der ultimative Maßstab des Vergebens.

Dabei erkannte ich: Jede meiner „Ja, aber …"-Einschränkungen beruhte auf Missverständnissen. Sie hatten mich veranlasst, Mythen Glauben zu schenken. Vielleicht ist auch Ihnen auf dem Weg zur Freiheit des Vergebens die eine oder andere solcher Straßensperren begegnet.

Laut einer aktuellen Barna-Studie glauben auch viele Christen Falsches über Vergebung. Nur jeder *Vierte* der befragten

Christen hatte das biblische Prinzip der Vergebung erfasst und glaubte an keine der Mythen, die ich gleich vorstellen werde! Die Meinungsforscher von Barna kamen zu einem weiteren schockierenden Schluss: Die Sicht, wie Christen Vergebung verstehen, unterscheidet sich – statistisch gesehen – nicht wesentlich von der Meinung andersgläubiger Menschen.[4]

Können Sie sich das vorstellen? Offensichtlich gibt es selbst in den christlichen Gemeinden eine Fülle von Missverständnissen, was dieses Thema betrifft. Umso wichtiger ist es, die biblische Wahrheit über Vergebung immer wieder diesen Mythen entgegenzustellen.

Mythos 1: Vergebung mindert die Schuld.

Haben Sie ein Vergehen wie Kindesmissbrauch, Untreue des Ehepartners, Verleumdung oder Mord an einem Kind erlebt? Dann wissen Sie sicher, wie schlimm es ist, wenn jemand versucht, diese Schuld oder Ihren Schmerz kleinzureden.

Vergebung bedeutet *nicht*, dass das, was der andere getan hat, in Ordnung ist. Sie entschuldigt die Sünde nicht. Vergeben heißt *nicht*, auszudrücken, dass das, was passiert ist, nicht so schlimm war. In den Augen Gottes sind wir alle Sünder. Gott sieht alle unsere Sünden, wie sie wirklich sind. *Trotzdem vergibt er.*

Auf unserer Welt geschehen böse, ja, schreckliche Dinge. Diese Taten können und sollten nicht beschönigt oder kleingeredet werden. Die Realität der Sünde verursacht verheerende Schmerzen. Biblische Vergebung ignoriert diese Tatsache keineswegs.

Auch Gott streitet die Realität und den Schaden der Sünde niemals ab. „Als Gott uns vergeben hat“, schreibt der Psychologe David Augsburger, „hat er unsere Sünde nicht einfach geflissentlich übersehen. Er hat die Sünde so ernstgenommen, dass er den Weg ans Kreuz gegangen ist, um dort unsere Stelle einzunehmen. Er ist für uns gestorben und hat damit den Preis für die Vergebung einer solch großen Schuld bezahlt. Das Kreuz zeigt uns, wie schwer es für Gott war zu vergeben.“[15] Gott vergibt also, weil er die Sünde sehr ernst nimmt, so ernst, dass Christus dafür gestorben ist.

Beim Vergeben musste auch ich mich der Sünde, die gegen mich begangen wurde, ehrlich und aufrichtig stellen. Ich musste zugeben: Die Tat verursacht schrecklichen Schmerz und Verlust. Ich hasste den Mord an meinem Sohn. Aber es ist möglich, die Sünde zu hassen und dem Sünder trotzdem zu vergeben. Das zeigte mir Gott anhand der Art, wie er selbst vergibt. Und ich wollte ihm vertrauen: Wenn er es mir aufträgt, kann und wird er mir auch die Kraft dazu geben, seinem Wort zu folgen. Er liebt mich zu sehr, als dass er mich am „Abgrund des Nicht-vergeben-Wollens“ fallen lässt.

Mythos 2: Vergebung befreit den Täter von allen Folgen oder Strafen.

Gott hat bestimmte Konsequenzen für sündige Entscheidungen und Taten festgesetzt. Als Martin beschloss, Tim das Leben zu nehmen – eine Tat, die ganz klar gegen Gottes Gebot verstößt –, brach er gleichzeitig das Gesetz unseres Landes. Gott hat irdische Regierungen eingesetzt, um Menschen, die Verbrechen begehen, zu bestrafen. Ich glaube: Tims Mörder muss die Strafe tragen, die das Gesetz dafür vorsieht – in vollem Umfang. Er hat es verdient, vor Gericht gestellt, für sein Verbrechen verurteilt und gemäß diesem Urteil bestraft zu werden.

Diese Tatsache veränderte sich nicht, als Gott mich aufforderte, ihm zu vergeben. „Was der Mensch sät, das wird er ernten" (Galater 6,7; LÜ). Auf diese Wahrheit hat Gott das Universum gegründet. Die Folgen der Sünde lösen sich durch die Vergebung nicht einfach in Luft auf.

Jede Tat – egal, ob sie richtig oder falsch ist – hat Folgen. Wir brauchen nicht vor der Realität dieser Folgen zurückzuschrecken. Aber Gott trägt uns auf zu vergeben.

Die Meinungsforscher von Barna haben herausgefunden, dass 60 Prozent der Amerikaner – Christen wie Nichtchristen – der Meinung sind, Vergebung würde bedeuten, man wolle, dass dem Schuldigen *die Folgen seiner Taten erlassen werden.* Diese Ansicht ist meilenweit von der Definition entfernt, die Gott dem Begriff Vergebung gibt.

Die Schlüsselfrage lautet, *wer* die Konsequenzen bzw. die

Strafe für die begangene Sünde fordern, festlegen und vollstrecken soll. Gottes Wort sagt klar, dass wir nicht richten, sondern es Gott überlassen sollen. Wir können Vergebung aussprechen und den Rest Gott überlassen.

Rache ist keine Option. Die Bibel fordert uns auf: „Rächt euch nicht selbst, liebe Freunde, sondern überlasst die Rache dem Zorn Gottes. Denn es heißt in der Schrift: „Das Unrecht zu rächen ist *meine* Sache, sagt der Herr; *ich* werde Vergeltung üben" (Römer 12,19; NGÜ).

Deutlicher kann man es gar nicht sagen! Rache ist der Wunsch, einen Menschen für den Schmerz, den er mir zugefügt hat, büßen zu lassen. Ich will, dass er für seine Schuld bezahlt – was grundsätzlich zu Bitterkeit und Rachsucht führt.

Im Gegensatz dazu heißt „Gerechtigkeit", dass *ein anderer* von dem Täter die Begleichung der Rechnung verlangt. Wenn ich Rachegedanken ablege, führt das zu innerer Heilung. Gott, der allmächtige Richter, ist dafür verantwortlich, das Recht zu sprechen. Auch wenn es in unserer Welt kaum vollkommene Gerechtigkeit gibt, kann ich Gott vertrauen, dass er seine Versprechen halten wird.

Mythos 3: Vergeben heißt Vergessen.

Wie oft höre ich die Worte: „Vergeben und Vergessen" – als ob die beiden Wörter das Gleiche bedeuteten! Aber das ist falsch. Vergeben ist nicht gleich vergessen. Ich kann mir nicht vorstellen, dass ich *vergessen* soll, dass mein Sohn ermordet wurde! Soll ich keine Verlustgefühle, keinen Kummer und Schmerz beim Gedanken daran empfinden? Wie stark die Erinnerung ist, hängt oft von der Schwere des Vergehens ab. Aber die Erwartung, das Geschehene völlig zu vergessen, ist unrealistisch und wahrscheinlich sogar unmöglich. Echte Vergebung geschieht da, wo man sich *voll und ganz* an das erinnert, was passiert ist, und sich trotzdem für Vergebung entscheidet, aber es nicht einfach vergisst.

Durch Vergebung wird oft mit der Zeit die Macht der Erinnerungen schwächer. Die Gefühle von Zorn oder Groll, die damit einhergehen, mögen sogar ganz verschwinden, aber das bedeutet nicht, dass die Tat vergessen ist!

Vergessen kann letztlich das *Resultat* der Vergebung sein, aber es ist niemals die Voraussetzung und auch kein Zeichen dafür, dass Vergebung wirklich stattgefunden hat.

Auch folgender Gedanke half mir: Vergessen geschieht im Gehirn. Vergeben passiert im Geist. Es wäre unsinnig, von einem Menschen zu verlangen, einen biologisch unmöglichen Schritt zu gehen – nämlich das eigene Gedächtnis zu überlisten –, wenn es doch um einen geistlichen Schritt geht.

Jawohl, ich erinnere mich genau an den Tag, an dem ich die schreckliche Nachricht zum ersten Mal gehört habe: „Mama, Tim ist tot!" Das Lebenslicht meines Erstgeborenen wurde brutal ausgelöscht. Immer wenn ich daran denke, durchlebe ich neu den Verlust, das Leid und den Schmerz. Aber ich entscheide mich dennoch bewusst, dem Mann, der ihn ermordet hat, zu vergeben. Beides ist wahr und absolut real.

Mythos 4: Ich muss eine Beziehung zu dem Täter aufbauen.

In den Jahren, in denen ich mich mit dem Thema Vergebung beschäftigt und mit Hunderten von Menschen darüber gesprochen habe, ist mir dieser Mythos am häufigsten begegnet. Laut der Barna-Studie sind 73 % der Amerikaner der Meinung, echte Vergebung würde bedeuten, dass man die Beziehung zum Täter (neu) aufbauen muss.[4] Dieser Mythos verschmilzt Vergebung und Versöhnung miteinander. Es wird behauptet: Wenn nicht *beides* passiert, passiert *keins von beiden.*

Nichts könnte weiter von der Wahrheit entfernt sein! Vergebung verlangt überhaupt nichts vom Täter. Versöhnung dagegen beruht auf Gegenseitigkeit. Vergebung spielt sich einzig und allein zwischen Ihnen und Gott ab. Zur Versöhnung bedarf es beiderseitiger Anstrengung.

Zwar sollten wir uns bemühen, Vertrauen wiederherzustellen und auf Versöhnung hinzuwirken. Aber wir können einen anderen Menschen nicht zu einer positiven Reaktion zwingen. Manchmal müssen wir jemandem vergeben, der bereits gestorben oder für uns absolut unerreichbar ist. Doch selbst wenn Versöhnung nicht möglich ist, können wir trotzdem vergeben.

Der Apostel Paulus schreibt in seinem Brief an die Römer: „Wenn es möglich ist und soweit es an euch liegt, lebt mit allen Menschen in Frieden“ (Römer 12,18; NGÜ). Es gibt Situationen, in denen der Täter keine Versöhnung will. Die einzige Möglichkeit, „in Frieden zu leben“, mag dann darin

Vergeben und Versöhnen

Besonders geholfen hat mir, wie der Autor Lewis Smedes[14] die Unterschiede zwischen „Vergeben“ und „Versöhnen“ erklärt. Deshalb möchte ich seine Worte frei zusammenfassen:

1. Zum Vergeben genügt eine Person, zum Versöhnen gehören mindestens zwei.

2. Vergebung findet im Herzen der verletzten Person statt. Versöhnung geschieht in der Verbindung zwischen mehreren Menschen.

3. Vergeben ist möglich, auch wenn der Täter die Tat nicht bereut. Versöhnen ist nur möglich, wenn der Täter sich aufrichtig entschuldigt.

4. Vergeben fordert keine Verhaltensänderung des Täters. Versöhnen ist nur möglich, wenn gute Gründe bestehen, dass die Person ihre Tat nicht wiederholen wird.

5. An Vergebung sind keinerlei Bedingungen geknüpft, an Versöhnung mehrere.

bestehen, dass man Abstand wahrt und nicht versucht, sich ihm aufzudrängen.

Vergebung bedeutet nicht, dass ich eine enge Beziehung zum Täter habe. Das gilt besonders dann, wenn diese Person gefährlich ist, in Sünde lebt oder keine Beziehung möchte.

Kurzum: Versöhnung ist ein gutes Ziel. Aber nicht immer ist es möglich oder weise. Vergebung dagegen ist immer möglich – auch ohne Versöhnung.

Eng verwandt mit „Versöhnung" ist das Thema der „Wiederherstellung von Vertrauen" in die Person, die uns verletzt oder Schaden zugefügt hat. Vertrauen und Respekt muss man sich verdienen. Es wäre dumm, einem Menschen Vertrauen zu schenken, der seine Tat nicht bereut oder sich nicht geändert hat. Wenn ein Mensch keine Reue zeigt oder erkennen lässt, dass er sich mit seiner Sünde befasst hat, erwartet niemand – am allerwenigsten Gott – von uns, dass wir der Person vertrauen. Dennoch: Vergebung kann und muss unabhängig von Vertrauen oder Versöhnung geschehen.

Dieses Missverständnis ist häufig mit der Vorstellung verbunden, Vergebung könnte nur gewährt werden, wenn der Täter Reue zeigt. Das ist falsch. Ohne Reue wird der Täter zwar keinen Nutzen von Gottes oder Ihrer Vergebung haben. Aber das hat nichts damit zu tun, dass Sie vergeben *können*.

Umgedacht: Abschied von Mythen

Welche Mythen oder Missverständnisse haben Sie verwirrt oder daran gehindert zu vergeben? Ich musste mich einigen von ihnen stellen und umdenken. Die Reise, auf der ich mich befand, verlangte, dass ich mir anschaute, wie Gottes Vergebung mir gegenüber aussah. Nur so konnte ich richtig verstehen, wie ich Tims Mörder vergeben konnte.

Obwohl ich schon so lange Christ war, hatte ich viel zu lernen auf meiner Reise in die Freiheit. Das Ziel konnte ich nur erreichen, wenn ich bewusst jede Straßensperre aus dem Weg räumte. Die nächste Etappe der Reise bestand darin, noch besser zu verstehen, was biblische Vergebung praktisch bedeutet, und *danach zu handeln*!

Kapitel 5

Die Reiseroute
Von Zwiebeln und Gefühlen

„Vergebung ist keine gerade Strecke mit klaren Etappen."

„Oh Gott, hilf mir zu vergeben", betete ich. „Ich brauche dich, Vater."

Ich wollte von Herzen vergeben. Aber wie sah biblische Vergebung praktisch aus – und wie meine persönliche Reiseroute? Wie konnte ich alles praktisch umsetzen, im Hier und Jetzt leben? Genügten Worte oder musste ich etwas tun? All das war mir immer noch ein Rätsel.

Bald wurde mir aber eines klar: Nachdenken und Nachforschen genügt nicht. Alle Nuancen von „Vergebung" laufen letztlich auf eines hinaus: eine Entscheidung. Meine Entscheidung. Würde ich mich dafür entscheiden, loszulassen und in der Kraft des Heiligen Geistes mit den Folgen der Sünde eines anderen Menschen zu leben?

Das ist es, was Christus am Kreuz für mich getan hat. Ich wollte Gottes Beispiel folgen und dem Mörder so vergeben, wie Gott mir vergeben hat.

Aber genügte dabei eine Entscheidung – ein lautes Bekenntnis? Nein. Das war nur der erste Schritt! Anfangs hatte ich schlicht eine falsche Vorstellung: nämlich, dass Schmerz

Was bedeutet Vergeben?

Das Wort „vergeben“ ist vielschichtig. Im allgemeinen Gebrauch bedeutet das Wort, sich nicht länger über ein Unrecht zu ärgern oder aber eine Schuld zu erlassen. Im Vaterunser bedeutet es vom Urtext her „wegschicken“ oder „entlassen“. Dieser Begriff beinhaltet:

- einem Menschen sein Unrecht oder seine Schuld bereitwillig zu vergeben und keine Vergeltung mehr dafür zu fordern.
- jeden Anspruch ihm gegenüber aufzugeben und zu erklären, dass die Sache nun in Gottes Händen liegt; Gott zu vertrauen, dass er am besten weiß, wie er seine Macht zur Bestrafung des Täters einsetzt.
- keinen Groll mehr gegenüber dem Täter zu empfinden.
- das Nachgrübeln über das Unrecht sein zu lassen.
- das Versprechen, das Unrecht nicht wieder zu erwähnen.
- alle Versuche, selbst Rache zu üben oder andere dazu anzustiften, aufzugeben.

wie auch Vergebung ein geradliniger Prozess sind, mit klarem Anfang und Ende. Doch Vergebung ist keine gerade Strecke mit klaren Etappen, durch die ich gehen muss, bis ich irgendwann ans Ziel komme – wie auch immer dieses Ziel aussehen mag.

Bald begriff ich eine der wichtigsten Wahrheiten: Der Schmerz sowie die Vergebung laufen in Zyklen ab. Es ist eine Art Kreislauf!

Die Reise zur Vergebung ist vielschichtig und umfasst zahlreiche Schritte. Dies ist besonders der Fall, wenn das Vergehen schwerwiegend ist und tiefen Schmerz hinterlässt. Diese Erkenntnis fühlte sich befreiend an!

Es war normal, dass ich immer wieder mit der Vergebung und dem Schmerz kämpfte. Wenn ich wieder an einem schweren Punkt angelangt war, hieß das nicht, dass es mir vorher nicht ernst gewesen wäre. Wenn ich wieder Schmerz empfand, bedeutete es nicht, dass meine vorhergehenden Schritte sinnlos oder nicht wirksam gewesen wären. Nein, die verschiedenen Auswirkungen der schrecklichen Tat forderten mich heraus, in jedem Stadium erneut bewusst zu vergeben.

Meine Reise zur Vergebung ähnelte einer Zwiebel, die geschält wird: Jede Schicht führte mich tiefer und tiefer in die Erkenntnis dessen hinein, wie Gott mir vergeben hat und wie ich nun anderen vergeben kann und soll.

Wie sahen diese Schichten aus? Unterschiedlich. 48 Stunden nach Tims Ermordung wurde seine Tochter geboren, meine geliebte Enkelin. Jedes Jahr gab es Situationen, in denen sie ihren Papa vermisste. Oft kamen mir die Tränen. Jedes Jahr gab es Augenblicke, wo ich ihren Schmerz spürte über diesen Verlust. Und immer wieder war ich dann versucht, Bitterkeit und Hass gegenüber dem Mörder zu schüren. Wenn ich Vergebung leben wollte, musste ich mich immer wieder neu entscheiden, die Folgen der Sünde eines anderen Menschen zu vergeben. Nun ging es von der Theorie in die Praxis: Ich wollte das „Siebzigmal-sieben"-Prinzip Jesu in die Tat umsetzen.

Auch unsere Tochter litt unter Tims Tod. Sie war die Erste, die erfuhr, dass er ermordet worden war. Es war traumatisch für sie, uns diese schreckliche Nachricht mitteilen zu müssen, seinen Leichnam unerwartet im Fernsehen zu sehen und die Lügen der Presse zu hören. Das Ganze führte letztlich dazu, dass sie zehn Jahre lang mit Angstzuständen und posttraumatischen Belastungsstörungen (PTBS) zu kämpfen hatte. Jedes Mal, wenn ihr Zustand wieder besonders schlimm war, war ich versucht, Bitterkeit, Hass und Rachegefühle zu schüren. Und jedes Mal musste ich mich neu entscheiden zu vergeben. So sahen die Schichten im Kreislauf der Vergebung aus. Jahr für Jahr.

Meine Landkarte zur Vergebung

Obwohl die Reise zur Vergebung keine gerade Strecke ist – und auch bei jedem anders verläuft –, gibt es doch einzelne Schritte, die jedem helfen können auf seinem eigenen Weg. Hier sind einige, die mich vorangebracht haben.

Schritt eins: Ich wollte bereit sein, meine Gefühle und Gedanken vor Gott offen und ehrlich auszudrücken. Immer wieder. Obwohl ich wusste, dass ich Tims Mörder vergeben sollte, durfte ich Gott meine Gefühle und Gedanken sagen. Ich konnte mein Herz bei ihm ausschütten: „Vater, ich will nicht vergeben! Ich fühle mich elend!“ Alles darf ich zu Gott bringen. Nichts muss ich verstecken. Er versteht mich.

Gleichzeitig bat ich Gott aber auch, mich von jeglichem Zorn zu befreien und mir zu vergeben, wo ich in meiner Wut Grenzen überschritten habe. Nur so verhinderte ich, dass eine zerstörerische Mischung aus Groll, Bitterkeit und Wut in mir wuchs, die Selbstmitleid, Depression und andere negative Folgen haben könnte.

Schritt zwei: Immer wieder bat ich Gott um Einsicht. Manchmal wissen wir selbst noch gar nicht, was in uns vorgeht. Dann betete ich nach Psalm 139,23: „Erforsche mich, Gott, ... prüfe mich und erkenne meine Gedanken! Zeig mir, was in meinem Herzen ist." Es gab Zeiten, in denen ich meinen Schmerz vor mir und Gott am liebsten abstreiten wollte. Wo ich mich hinter frommen Phrasen schützen und meine Gefühle verstecken wollte.

Außerdem brauchte ich das offene Gespräch mit Gott, um aufzudecken, welche Missverständnisse mich davon abhielten zu vergeben. Gott kann auch verdrängte Erinnerungen wieder ans Licht bringen. Oft spürte ich: Gott sehnt sich danach, zu mir zu sprechen, damit meine Wunden heilen.

Schritt drei: Ich verlasse mich nicht auf mein Gefühl, sondern auf den Heiligen Geist. Vergebung erfordert kein Gefühl. *Sie ist eine Entscheidung* – ein geistlicher Willensakt in der Kraft des Heiligen Geistes.

Mein erstes Gebet auf dieser Vergebungsreise war deshalb eine Beichte: „Gott, ich will nicht vergeben! Bitte verändere mein Herz, damit ich vergeben kann." Vielleicht mag es

Zwiebelschälen

Der Prozess der Vergebung ist so vielschichtig wie der Begriff. Es handelt sich dabei um einen Kreislauf und dieser ähnelt einer Zwiebel, die Schicht für Schicht geschält wird. Aber wie finde ich heraus, ob es an der Zeit ist, erneut in einer tieferen Schicht Vergebung auszusprechen? Mir helfen folgende Wegweiser. Wenn ich eine Frage mit „Ja" beantworte, weiß ich, dass ich auf einer weiteren Ebene vergeben sollte:

- Löst die Erinnerung an das Ereignis eine starke emotionale Reaktion aus?
- Löst die Belastung, sich an schmerzhafte Ereignisse zu erinnern, körperliche Reaktionen oder Beschwerden aus?
- Kann ich demjenigen, der mir Unrecht getan hat, nicht aufrichtig Gutes wünschen? Oder hoffe ich sogar, dass ihm Schlimmes widerfährt?
- Bringt die Vergebung keinerlei positive Resultate hervor?

theologisch kein akkurates Gebet sein, aber für mich war es der Anfang. Und Gott akzeptierte es. Schließlich ist Vergebung ein Prozess und Gott wusste, an welchem Punkt der Reise ich mich befand.

Schritt vier: Der nächste Schritt ist die bewusste Entscheidung zu vergeben. Ich spreche diese Entscheidung oft laut aus, einfach als Akt meines Willens.

Wie gut, dass Gott mir immer wieder die Kraft schenkt, um jede Strecke des Weges zu schaffen. Der Apostel Paulus schreibt: „Ihr sollt erfahren, wie unermesslich groß die Kraft ist, mit der Gott in uns, den Glaubenden, wirkt. Ist es doch dieselbe Kraft, mit der er Christus von den Toten auferweckte und ihm den Ehrenplatz zu seiner Rechten gab!“ (Epheser 1,19–20).

Eines Tages schrieb ich folgende Sätze auf ein Blatt Papier:

Lieber Vater im Himmel,

ich entscheide mich bewusst, Martin den Mord an Tim zu vergeben. Ich will ihm vergeben, dass er so viel Schmerz und Leid über mich und meine Familie gebracht hat. Ich vergebe ihm, dass seine Tat auch meine Tochter belastet und Angstzustände auslöst. Ich vergebe ihm, dass er meiner Enkelin den Vater geraubt hat, der sie so lieb gehabt hätte und ein so wunderbarer Vater gewesen wäre.

Schritt fünf: Ich wollte ganz loslassen. Deshalb listete ich alle weiteren Empfindungen auf, die diese Tat bei mir verursacht hatte. Ich schrieb alle Gefühle von Trauer und Verlust nieder. Meine Wut. Meine Angst. Ich war schonungslos offen. Zu guter Letzt schrieb ich in Großbuchstaben quer über die ganze Seite „VERGEBEN“ und verbrannte anschließend das Blatt Papier.

Dieser Schritt war meine persönliche, aktive Erklärung. Sie war ein Zeichen dafür, dass ich nicht länger an meinem „Recht“ festhielt, diesen Mann zu hassen oder mich an ihm

Meine Schritte zur Vergebung

- Bitten Sie Gott ehrlich darum, Ihnen die Person zu zeigen, der Sie nicht vergeben haben.
- Bekennen Sie ihm, dass Sie dieser Person nicht vergeben haben; wenn Sie Bitterkeit oder Groll ihr gegenüber empfinden, sollten Sie das ebenfalls zugeben.
- Entscheiden Sie sich, dieser Person zu vergeben und Gottes Gebot zu folgen.
- Schreiben Sie im folgende Sätze nieder und bringen Sie alles bewusst vor Gott:
  Durch die Kraft Gottes und weil er mir vergeben hat, vergebe ich ganz bewusst ____________ (Name des Betreffenden), dass er/sie mir/mich ____________ (nennen Sie das Vergehen im Detail) hat. Ich habe mich dadurch ____________ (identifizieren Sie Ihren Schmerz, soweit Sie sich daran erinnern können) gefühlt oder es hat zu ____________ (listen Sie die Folgen der Taten auf) geführt.
- Sprechen Sie im Glauben aus, dass Sie dieser Person vergeben haben. Bestätigen Sie es vor Gott und, wenn es sich ergibt, auch vor einem Menschen. Halten Sie es in Ihrem Tagebuch fest.
- Schreiben Sie quer über das Blatt Papier „VERGEBEN“ und vernichten Sie es anschließend; Sie können es zerschnipseln oder verbrennen. Jetzt sind Sie frei.
- Vermerken Sie diesen Schritt mit dem entsprechenden Datum in einem Tagebuch oder Ihrer Bibel. Immer, wenn Sie in Zukunft Zweifel haben, ob Sie wirklich vergeben haben, können Sie es nachlesen und sagen: „Nein, ich habe vergeben und bin frei.“

- Gehen Sie davon aus, dass Ihre Entscheidung keine wesentlichen Veränderungen in der Person, der Sie vergeben haben, zur Folge haben wird.
- Beten Sie weiter *namentlich* für diese Person.
- Bitten Sie Gott, Ihnen zu zeigen, wie Sie Ihre Vergebung durch eine Tat sichtbar werden lassen und so Gottes Segen erleben können.
- Danken Sie Gott für die Freiheit, die Vergebung mit sich bringt.

rächen zu wollen. Ich akzeptierte die Aufforderung Gottes, mit den Folgen seiner Sünde zu leben, so furchtbar sie auch waren. Ich traf die Entscheidung, so zu vergeben, wie Gott mir in Christus vergeben hatte – unverdient, bedingungslos und vollkommen.

Als Nächstes hielt ich meine Entscheidung detailliert in meinem Tagebuch fest, um immer einen schriftlichen Beweis meiner Erfahrung vor Augen zu haben, falls ich in Zukunft Zweifel daran haben würde.

Sobald weitere Schichten von Groll und Bitterkeit aus meinem Herzen an die Oberfläche kamen, wiederholte ich diese Schritte.

Die Sache mit den Gefühlen

Ich muss gestehen, dass ich mich nicht anders *fühlte*, nachdem ich diese Entscheidung getroffen hatte. Vielleicht geht es Ihnen genauso. Zumindest veränderten sich meine Gefühle nicht sofort. Ich musste lernen, entgegen meinen Gefühlen zu *handeln*. Auch hier ging es wieder um eine bewusste Entscheidung.

Ich weiß, es mag sich anhören wie Heuchelei, etwas, das ich mir und anderen nur vorspiele. Aber das war es nicht. Vielmehr lernte ich, Gottes Gebot in der geistlichen Realität zu folgen, und zwar unabhängig davon, in welcher emotionalen Stimmung ich mich gerade befand. Dies ist laut der Bibel ein Schlüssel zur Überwindung von Zorn und Groll.

Gott fordert uns auf, liebevoll anderen gegenüber zu sein, auch wenn wir keine liebevollen Gefühle haben. Wir sollen uns freundlich und barmherzig verhalten, auch wenn uns mehr nach Kritisieren und Schimpfen zumute ist. Das hat nichts mit Heuchelei zu tun. Gott freut sich, wenn seine Kinder ihm so sehr vertrauen, dass sie nach seinen Geboten handeln, obwohl sie sich nicht danach fühlen.

Deshalb kämpfte ich gegen die Lüge an, dass ich erst warten müsste, bis meine Gefühle sich verändert hatten, bevor ich vergeben konnte. Ich entschied mich dafür, zu vergeben, egal, wie ich mich fühlte. Dabei bat ich den Heiligen Geist um Kraft.

Und wissen Sie, was mich dabei überraschte? Oftmals stellte ich fest, dass sich im Laufe des Prozesses auch meine Gefühle änderten. Doch alles begann mit meiner Entscheidung.

Kapitel 6

Sichtbare Zeichen
Wie segne ich einen Mörder?

„Segnet! Denn dazu hat Gott euch berufen,
damit ihr dann seinen Segen erbt.“
(1. Petrus 3,9; NGÜ)

„Mein Vortrag lief gut gestern Abend“, schrieb ich im November 1997 in mein Tagebuch. „Keine Frage, Gott möchte beim Thema Vergebung in mir und durch mich etwas bewirken. Aber ich spüre auch: Ich muss noch tiefer vergeben und handeln, sichtbare Zeichen setzen … segnen … Gestern Abend sagte ich öffentlich: ‚Ich muss Kontakt aufnehmen mit dieser Person und meine Vergebung ausdrücken …‘ Es war so einfach, das zu sagen. Aber ich habe solche Angst, es zu tun.“

Noch ahnte ich nicht, welche Geschenke und welche Freiheit Gott gerade darin für mich bereithielt …

Noch mehr?

Nach meiner Entscheidung, immer wieder zu vergeben, war ich der Meinung: Jetzt bin ich am Ziel meiner Reise angelangt!

Ich habe losgelassen und Tims Mörder vergeben. Alles ist geschafft! Mehr kann selbst Gott nicht von mir erwarten.

Doch eines Morgens – ich war gerade in Budapest – las ich einen Vers in der Bibel, der mein Leben verändern sollte. Obwohl ich den Vers schon viele Male gelesen hatte, stach er nun hervor und sprach mich direkt an: „Vergeltet Böses nicht mit Bösem und Schimpfworte nicht mit Schimpfworten! Im Gegenteil: *Segnet*! Denn dazu hat Gott euch berufen, damit ihr dann seinen Segen erbt (1. Petrus 3,9, Hervorhebung durch die Autorin). Sanft aber direkt sprach Gottes Geist zu meinem Herzen: ‚Dieser Vers ist entscheidend für dich, für deine Reise der Vergebung.'

Stopp!, dachte ich. *Erwartet Gott von mir, diesen Mann zu segnen? War es nicht schon schwer genug, ihm zu vergeben? Muss ich noch weitere Schritte gehen?* Das konnte ich kaum glauben.

Schnell wog ich ab, inwieweit ich dieses Gebot bereits erfüllt hatte. Zunächst einmal war mir klar: Ich würde nicht Böses mit Bösem vergelten. Auf keinen Fall hatte ich die Absicht, Rache zu üben oder das Leben von einem von Martins Kindern zu fordern, weil er meinen Sohn getötet hatte. Dieser Teil war also abgedeckt.

Weiter hieß es, man solle „Schimpfworte nicht mit Schimpfworten" vergelten. Ehrlich gesagt, wusste ich nicht, inwiefern das auf meine Situation zutraf. Ich hatte ja gar keine Gelegenheit, Tims Mörder persönlich zu beschimpfen. Trotzdem war mir klar, dass meine Gedanken und Worte über ihn äußerst negativ waren. Könnte es das sein, was Gott meinte?

Wieder sah ich mich gezwungen, in der Bibel nachzuforschen, wie Jesus reagiert hatte, wenn Menschen gegen ihn sündigten. Schnell stellte ich fest, wie ich normalerweise auf irgendwelche Feindseligkeiten gegenüber meiner Familie oder meiner Person reagierte: mit Vergeltung und Verachtung!

Jesus dagegen reagierte mit Gnade. „Vater, vergib ihnen. Denn sie wissen nicht, was sie tun", sagte er sogar am Kreuz und betete für die Menschen, die ihn an das raue Holz genagelt hatten (Lukas 23,34).

Aber könnte ich Tims Mörder gegenüber Gnade zeigen? Wie segnet man bitteschön einen Mörder? Gottes Wort sagt: Segnet! Das griechische Wort für „segnen" bedeutet hier, *gut von oder zu einer Person zu reden*, wörtlich *Lob auszusprechen*. Das deutsche Wort „Eloge" (d. i. Lobrede) ist davon abgeleitet.

Ich schrie zu Gott: „*Wie kann ich bitteschön von so einem Mann gut reden? Er hat meinen geliebten Sohn ohne jeden Grund auf brutalste Art ermordet! Was ist an ihm so gut, dass ich darüber sprechen könnte? Ihn loben könnte!*" Einen Mörder loben – also das wollte ich beim besten Willen nicht!

Gott antwortete mir sanft, aber sehr bestimmt. In meinem Herzen hörte ich seine leise Stimme: „Nein, Dianne, du kannst momentan nicht gut *von* ihm reden, aber du kannst Gutes *zu* ihm reden. Du kannst ihm von mir erzählen."

Ich war sprachlos.

Wie sollte ich diesem Mann von Gott erzählen? Bisher konnte ich noch nicht einmal ein einfaches Gebet für ihn sprechen! Warum? Sein Name wollte mir nicht über die Lippen kommen. Bis jetzt hatte ich seinen Namen praktisch nie

Segnen – was heißt das?

Es geht nicht nur darum, Segen auszusprechen. Viel wichtiger war meine Herzenseinstellung. Mich berührt, was Pastor und Autor John Piper zum Thema „Segen aussprechen“ schreibt: „Es schließt die Dinge ein, die Sie sich für jemanden wünschen. Jesus sagt, wir sollen ihm Gutes wünschen und ihn nicht verwünschen. Das ist die Bedeutung von segnen. Segnen Sie die Betreffenden und beten Sie für sie! Für was sollen Sie beten? Dass es ihnen gut geht – jetzt und allezeit. Und das Allerbeste ist, Christus zu sehen, sich an ihm zu freuen und ihn widerzuspiegeln.“[16]

Ich begriff, dass solches „Segnen“ gewöhnlich damit anfängt, dass man für die betreffende Person und ihre Beziehung zu Gott betet. So hat Stephanus es gemacht, als er für seine Mörder betete. In Apostelgeschichte 7,60 sagt er: „Herr, rechne ihnen diese Sünde nicht an!“ Noch bemerkenswerter ist, was Jesus am Kreuz betete: „Vater, vergib ihnen, denn sie wissen nicht, was sie tun!“ (Lukas 23,34; NGÜ).

Wenn ich als Christ Menschen segne, die mir wehgetan haben, gehe ich Gottes Weg und folge seinem Beispiel. Aber mehr noch: Gott möchte, dass ich die Person aktiv segne, damit er mich segnen kann! In 1. Petrus 3,9 heißt es, dass wir segnen, damit wir seinen Segen erben! Obwohl ich schon so lange Christ war, hatte ich das bisher noch nicht begriffen: Gott will mich segnen, wenn ich andere segne.

Segnen bedeutet auch, schmerzhafte Erlebnisse „umzudrehen“. Der Apostel Paulus erklärt in Römer 12: Wenn wir uns nicht selbst rächen, kann Gott seine Gerechtigkeit im Leben von Menschen, die uns Unrecht tun, ungehindert ausüben. Zudem verspricht Gott, dass wir Böses mit Gutem überwinden können (Römer 12,21). Es ist sogar möglich, den Menschen, der uns Böses angetan hat, durch unsere Freundlichkeit zu verändern und Gott näherzubringen.

ausgesprochen. Denn solange ich das nicht tat, war und blieb er in meinen Gedanken „das Monster, das unsere Familie zerstört hat".

Seinen Namen zu nennen, machte ihn zu einem Menschen. Es verlangte von mir, ihn als jemanden zu sehen, der von Gott geliebt war. Es bedeutete, dass Christus auch für ihn gestorben war und dass Gott ihn retten wollte. Ihn bei seinem Namen zu nennen und für seine Errettung zu beten, war für mich der erste Schritt zum „Segnen". Ein sichtbares Zeichen der Vergebung.

Bis heute erinnere ich mich an den Tag, an dem ich diesen Schritt in Richtung Segnen wagte – ein riesiger Schritt für mich. Ich sprach den Namen des Mörders laut aus: Martin Johanson. Von da an gelang es mir, ihn regelmäßig zu segnen, Gutes über ihm auszusprechen und zu wünschen.

Doch diese Art, ihn im Gebet zu segnen, war nicht das letzte Ziel. Es war nur ein Schritt, der mich auf die Zukunft vorbereitete. Das wusste ich. Als Gott an jenem Tag in Budapest zu mir sprach, wurde mir klar: Ich soll Martin erzählen, dass ich ihm vergeben habe.

Außerdem sollte ich ihm die gute Botschaft der Bibel erklären: dass Gott ihn lieb hat und ihm die Vergebung seiner Sünden anbietet. Gott schien leise zu meinem Herzen zu sagen: Nimm Kontakt auf. Schreib ihm einen Brief. Erzähl ihm von deiner Reise. Und sag ihm, dass ich ihn lieb habe.

Allerdings hatte ich keine Ahnung, wie ich das schaffen sollte. Sie müssen wissen, dass Martin in einem Gefängnis in Kalifornien seine Strafe absitzt. In Kalifornien ist es für die Mutter eines Mordopfers äußerst schwierig, irgendeine Art Zugang zum Mörder zu erhalten. Um nicht zu sagen: unmöglich!

Ich wusste noch nicht einmal, in welchem Gefängnis Martin sich befand! Und selbst wenn ich es gewusst hätte: Die Gefängnisbeamten und die Insassen vermuten Rache als Motiv hinter dem Wunsch, den Gefangenen zu kontaktieren oder zu besuchen. Deshalb erlaubt die Gefängnisleitung normalerweise keinerlei Kontakt.

Wenn ich wirklich mit Martin in Verbindung treten sollte, musste ein Wunder geschehen – innerlich und äußerlich! Gott müsste einen Weg bahnen. Was ich nicht ahnte, war: Das hatte er längst getan! Noch bevor er zu mir sprach, hatte er alles vorbereitet.

Das „Geständnis"

Das Wunder ließ nicht lange auf sich warten. Dass Gott etwas Besonderes vorhatte, merkte ich, als ich meinem Bruder Bernd erzählte: „Ich glaube, ich soll Kontakt zu Tims Mörder aufnehmen, aber ich weiß nicht wie."

Still lauschte er. Denn er hatte auch ein „Geständnis" abzulegen: Er hatte bereits Kontakt zu Martin aufgenommen. Wir staunten über Gottes Plan. Sein Timing war perfekt. Mein Bruder hatte etwa zur gleichen Zeit den Wunsch in sich gespürt, mit Martin in Verbindung zu treten, als Gott auch mich darauf vorbereitete, Tims Mörder zu segnen.

Zunächst rang mein Bruder aber mit sich, ob dies eine gute Idee sei. Würde er mich damit nicht verletzen? Er befürchtete, dass mein Mann und ich es ihm übel nehmen würden.

Trotzdem spürte er immer mehr, dass es Gottes Wunsch war. Mehr noch: sein Auftrag an ihn! Außerdem dachte er darüber nach, was wohl in Tims Sinn wäre. Je mehr er darüber nachdachte, merkte er auch: Tim mit seinem weiten Herzen hätte es so gewollt. Also entschloss er sich, Tims Mörder zu finden und Kontakt aufzunehmen. Allerdings verriet er niemandem etwas von seinem Plan.

Doch wie könnte er Tims Mörder finden? Das fragte sich auch mein Bruder, der als Pastor einer kalifornischen Gemeinde arbeitete. Schließlich nutzte er seinen Status als „reisender Gefängnisgeistlicher", um herauszufinden, wo Martin einsaß. Und tatsächlich: Er fand ihn und erhielt sogar die Genehmigung, ihn zumindest brieflich zu kontaktieren.

Bald startete mein Bruder den ersten Versuch, Martin einen Brief zu schicken. Als er mit ihm Kontakt aufnahm, rieten Martin alle dringend davon ab, den Brief anzunehmen – angefangen vom Gefängnisdirektor über die Wärter bis hin zu seinen Mithäftlingen. Martin hörte nicht auf sie, sondern ließ sich den Brief geben.

Im Nu kam ein erstaunlicher Brief von Martin zurück. Er freute sich, dass mein Bruder Kontakt aufgenommen hatte. Mein Bruder fing nun an, ihm regelmäßig zu schreiben und auch sein Herz zu öffnen.

Immer mehr wurde Martin durch das ehrliche Mitgefühl meines Bruders berührt. Bald erkannte er seine Schuld sogar an. Später, im Juni 1998, schrieb er meinem Bruder Folgendes:

Hallo Bernd,

(...)

Ich habe meine Schuld bekannt. Ich habe sie bekannt, weil ich schon genug Schaden angerichtet und Unschuldige verletzt habe. Es wäre nicht richtig gewesen, dass unschuldige Leute diese schreckliche Geschichte erzählen müssen. Ich bin schuld und ich muss dafür bezahlen. Niemand sonst. Aber traurigerrweise bezahlen auch unschuldige Leute für meine Tat.

Bald darauf schrieb ihm mein Bruder:

Hallo Martin,

(...)

Es gibt so vieles, das ich nicht verstehe. Ich verstehe nicht, warum du deine Schuld bekannt hast. Ich verstehe nicht, warum ich so einen Drang in mir spüre, mit dir zu sprechen. Ich verstehe nicht, was Gott vorhat. Doch wenn du Jesus durch diese Situation kennenlernst, wäre das ein Segen. Eines möchte ich dir besonders ans Herz legen: Tim wäre der Erste gewesen, der dir vergeben hätte. Irgendwann werden wir uns treffen im Himmel und mit ihm sprechen. Martin, während ich dir das schreibe, kommen mir die Tränen. Nicht nur wegen Tims Tod, sondern auch, weil ich spüre, dass Gott hier etwas ganz Unglaubliches tut ...

Martin hatte gerade erst begonnen, meinem Bruder regelmäßig zu schreiben und Vertrauen zu fassen, als ich bereit war, auch Kontakt aufzunehmen. Mein Bruder hielt zu diesem Zeitpunkt Martins Briefe und die Inhalte geheim. Er sagte mir nur, dass sie Kontakt haben. Doch er wusste: Martin würde mir nichts Schlimmes antworten. Das alles hatte Gott in die Wege geleitet, noch ehe ich meinen Bruder um Hilfe bat! Ich staunte: Ganz offensichtlich war Gott hier am Werk!

Heute noch schicke ich meine Briefe für Martin zuerst an Bernd, der sie dann ans Gefängnis weiterleitet. Die Gefängnisbeamten lesen alle Briefe, ehe sie sie dem Empfänger aushändigen. Bisher haben sie jeden durchgelassen.

Der Kampf in mir

Nach dem Gespräch mit meinem Bruder wusste ich: Der Weg, Tims Mörder zu schreiben, war längst frei. Alle Hindernisse waren verschwunden: alles, was unüberwindbar schien. Es gab keinerlei Ausflüchte, mit denen ich mich herausreden und entschuldigen konnte.

Nur ein Kampf stand mir bevor: der Kampf in meinem Herzen. Es ging nur noch um meine inneren Hindernisse. Würde ich Gott wieder vertrauen und seinem Wort folgen? Ich wusste, er zwang mich nicht dazu. Er stellte mich nur vor die Wahl.

Insgeheim hatte ich gehofft, dass ich keinen Zugang zu Martin bekäme. Dann hätte ich alles vergessen können und brauchte mir keine Gedanken mehr darüber zu machen, ihn zu erreichen.

Doch jetzt musste ich mich meinen Ängsten stellen. Obwohl mein Bruder versuchte, mich zu beruhigen, hatte ich einige Zweifel. Ich weiß noch, dass ich zu Gott betete: „*Gott, was ist, wenn dieser Mann versucht, seine Tat zu rechtfertigen, oder auf irgendeine Weise Tim die Schuld dafür zuschiebt? Ich glaube ich nicht, dass ich das ertragen kann.*"

Gottes Antwort kam prompt. Und sie war klar und deutlich: „Dianne, wie Martin reagiert, ist mein Problem. Ich habe dir nur gesagt, dass du meinen Weg gehen sollst. Vertrau mir."

Der erste Brief

Nun wollte ich keine weiteren Ausreden mehr finden oder die Sache länger hinauszögern. Also setzte ich mich an einem Tag im Mai hin und schrieb die ersten Zeilen an Tims Mörder. Dabei flossen viele Tränen. Aber ich wollte Gottes Weg gehen. In wenigen Worten erzählte ich Martin: Ja, ich habe ihm den Mord an Tim vergeben. Über die Jahre hat Gott an meinem Herzen gearbeitet und mir den Auftrag gegeben, ganz loszulassen und zu verzeihen.

Hallo Martin ...!

Ich bin Tim Collards Mutter. Schon vor einigen Monaten wollte ich mit Ihnen in Kontakt treten. Das war noch lange bevor ich überhaupt wusste, dass mein Bruder Ihnen geschrieben hat. Bitte erlauben Sie mir, die Hintergründe zu erklären, warum ich Ihnen schreibe.

Während der ersten fünf Jahre nach dem Mord an Tim musste ich zahlreiche Schichten der Vergebung verarbeiten. All diese Schichten waren notwendig, um Ihnen wirklich zu vergeben und diese Vergebung auch zu spüren. Ich sage „zahlreiche" Schichten, weil meine Trauer in Schichten oder Zyklen verläuft – bei jeder Schicht entscheide ich mich neu: Werde ich vergeben mit Gottes Hilfe? Ich hatte das Gefühl, dass ich nun alles getan hatte.

Aber letzten Herbst hatte ich den Eindruck, dass Gott mich bat, einen weiteren Schritt zu gehen: Ich sollte Ihnen schreiben und sagen: Ja ich habe Ihnen vergeben. Deshalb halten Sie nun diesen Brief in den Händen.

(…)

Gott hat mir alles vollkommen vergeben durch seinen Sohn Jesus Christus. Genauso vollständig will ich auch anderen vergeben, egal wie schlimm eine Tat ist. Ich hoffe und bete, dass Sie meine Vergebung annehmen – ja, mehr noch, dass Sie auch selbst Gottes Vergebung erfahren …

(…)

Außerdem wollte ich ihm die wichtigste biblische Wahrheit erklären: Gott liebt Sie und hat durch seinen Sohn einen Weg geschaffen, dass Ihre Sünden vergeben werden können. Wenn Sie sein Geschenk annehmen, schenkt er Ihnen ewiges Leben im Himmel.

Bis heute erinnere ich mich an diesen Tag im Mai. Irgendwie schaffte ich es, den Brief zu Ende zu schreiben. Dann lief ich zu einem Postamt in Deutschland und schickte den Brief per Luftpost an meinen Bruder. Der leitete ihn an Martins Adresse im Gefängnis weiter.

Es war wohl der schwerste Brief meines Lebens. Ich fühlte mich emotional völlig ausgelaugt. Aber ich war froh, auch diesen Schritt geschafft zu haben, diesen „letzten", wie ich meinte. *So, jetzt ist wirklich alles getan*, dachte ich, als der Brief in den Postkasten plumpste.

Nie hätte ich damit gerechnet, dass ich eine Antwort bekommen würde …

Kapitel 7

Briefwechsel
Endlich frei!

„Mein Gewissen kommt einfach nicht zur Ruhe …“

Nachdem ich den Brief eingeworfen hatte, wollte ich mit allem abschließen. Doch kurze Zeit später erhielt ich den ersten Brief von Martin. Mein Bruder leitete seine Antwort weiter. Ich war überrascht – und nervös. Während ich den Umschlag in den Händen hielt und ihn betrachtete, war ich mir nicht sicher, ob ich ihn auch öffnen und lesen wollte. Schließlich riss ich ihn auf und begann zu lesen.

Martins Worte überraschten mich. Er schien tatsächlich dankbar zu sein für meinen Brief und das Angebot, ihm zu vergeben. Unter anderem schrieb er mir:

Liebe Frau Collard,

danke für Ihren Brief. Ich staune, wie Jesus Christus in Ihnen durch den Glauben wirkt, sodass Sie mir vergeben können, was ich Ihrer Familie angetan habe. Die Sache mit dem Glauben ist noch recht neu für mich, und ich kann Ihnen sagen, dass ich noch nicht viel von dieser Art Kraft verstehe. Ich glaube auch nicht, dass ich diese Vergebung verdiene. Aber ich habe schon oft zu Gott gebetet, und nach Ihrem Brief danke ich ihm für seinen Segen.

Ehrlich gesagt, fehlen mir die Worte. Die Trauer, die Sie und Ihre Familie durchmachen wegen meiner Tat, lässt sich wahrscheinlich nicht mal ansatzweise beschreiben. Aber ich möchte Ihnen sagen, wie leid mir all das tut. Es klingt so hohl und oberflächlich, aber es ist die Wahrheit. Jeden Tag meines Lebens quält mich mein Gewissen, weil ich das getan habe. Ich weiß, dass ich etwas Schreckliches getan habe, und mein Gewissen kommt nicht zur Ruhe.

In Ihrem Brief schreiben Sie: „Hoffentlich konnten Sie Gottes Vergebung erfahren." Nun, das habe ich noch nicht. Ich glaube, einem wie mir kann Gott gar nicht vergeben. Ich verdiene es nicht. Aber ich bete weiter.

(...)

Keine meiner schlimmsten Befürchtungen war eingetroffen. Tims Mörder versuchte nicht, sich zu verteidigen. Mit keinem einzigen Wort. Ganz offen stellte er fest: „Es ist meine Schuld. Ich bin schuldig." Ich staunte auch darüber, dass er dachte, keine Vergebung zu verdienen, ja, dass es Gott unmöglich wäre, ihm zu vergeben.

Wieder bewegte Gott mein Herz: „Schreib ihm zurück." Also erklärte ich ihm in meinem Antwortbrief: Kein Mensch „verdient" Gottes Vergebung. In Jesus hat Gott sie uns aber aus lauter Liebe und Gnade geschenkt. Wir müssen das Geschenk nur annehmen.

„So, jetzt habe ich alles in die Tat umgesetzt", sagte ich zu Gott und hoffte, dass ich nun mit Martin abschließen konnte. Ich hatte alles getan, was von mir erwartet werden konnte. Ich betete weiter dafür, dass Martin Frieden mit sich und Gott finden würde. Aber ich wollte keine weiteren Briefe schreiben. Mein Bruder würde das übernehmen und den direkten Kontakt zu ihm halten.

Die anderen „Opfer"

Ich staunte, wie mein Bild des Täters sich gewandelt hatte. Ich nannte ihn nicht mehr „Mörder" oder „Monster". Ich nannte ihn beim Namen. „Martin ist jetzt ein Mensch für mich", schrieb ich in mein Tagebuch. „Ein Mensch, der dringend Gott braucht." Gott arbeitete weiter an meinem Herzen. Seine Pläne waren anders als meine. Seine Reise mit mir hatte kein bestimmtes Ende.

Ein ganzes Jahr verging nach dem ersten Briefwechsel. Eines Tages, während ich in der Bibel las und mit Gott sprach, erinnerte er mich an die anderen Opfer dieses schrecklichen Mordes. Besonders musste ich an Martins Kinder denken. Wie meine Enkelin hatten auch sie ihren Vater verloren, der nun im Gefängnis saß. Das Familienleben, das sie gekannt hatten, war zerstört. Ihre Mutter hatte die Schusswunden zwar körperlich überlebt, hatte sich aber kurz danach von Martin scheiden lassen. Diese Kinder waren zu Opfern einer schrecklichen Tragödie geworden, ähnlich der, die unsere Familie erlebt hatte.

Ich wünschte, ich könnte ehrlich sagen, dass ich sofort Mitgefühl mit ihnen empfand oder den Wunsch hatte, mich um sie zu kümmern. Aber das wäre gelogen. Wieder tobte ein geistlicher und emotionaler Kampf zwischen Gott und mir, der mich viel Kraft kostete. Wieder bewegte und heilte Gott mein Herz.

Bald darauf schrieb ich in mein Tagebuch: „Gestern Abend habe ich mit Glenn über Martin gesprochen. Wie immer war es sehr, sehr schmerzvoll. Aber ich war überrascht über mich selbst: Ich empfand starkes Mitleid gegenüber den Kindern. Ich trauerte mit diesen Kindern, die auch unschuldige Opfer sind …"

Ich hatte den Eindruck, dass ich Martin zu Weihnachten schreiben sollte und auch meine Sorge um seine Kinder ausdrücken musste. Vielleicht könnte ich Kontakt zu ihnen aufnehmen? Schließlich nahm ich allen Mut zusammen und schrieb Martin:

Lieber Martin,

(…)

Der Verlust schmerzt besonders zu Zeiten, wo Familien zusammenkommen, wie jetzt zu den Festtagen. Während ich mit meinem Schmerz kämpfe, denke ich aber auch daran, dass diese Feiertage für Sie sehr schwierig sein müssen – und für Ihre Kinder.

Öfter habe ich darüber nachgedacht, welchen schreckli-

chen Schmerz auch Ihre Kinder durchmachen müssen. Ich frage mich, ob ich ihnen vielleicht auf irgendeine Weise helfen könnte. Vielleicht kann ich dazu beitragen, dass sie mit den schlimmen Folgen besser umgehen?

All das weiß ich nicht. Ich bin mir auch nicht sicher, ob es Ihnen überhaupt recht wäre. Aber seit ich Gott gebeten habe, mir zu zeigen, wie meine nächsten Schritte aussehen könnten, muss ich immer wieder an Ihre Kinder denken. Wenn es also irgendeinen Weg gäbe zu helfen, sagen Sie es mir bitte. Es liegt jedoch ganz an Ihnen. Ich habe nicht vor, irgendetwas zu tun, was Ihnen nicht recht ist.

(...)

Danke für Ihre Antwort auf meinen Brief. Ich bete weiter für Ihre geistliche Reise. Persönlich habe ich erfahren, dass es nur einen Weg gibt, wirklich geistlich und emotional frei zu werden: Gottes Vergebung anzunehmen und diese Vergebung an andere weiterzugeben. Ich wünsche Ihnen, dass Sie diese Freiheit kennenlernen.

Wieder schickte ich einen Brief ab, der seine Reise über den Ozean von Deutschland nach Kalifornien antrat. Ich wollte Gott vertrauen. Ich wünschte mir so sehr, seinen Weg zu gehen und auch Martins Kindern zu helfen, Heilung zu finden. Doch wieder wusste ich nicht, wie das praktisch aussehen könnte. Schließlich lebte ich in Deutschland und Martins Kinder wohnten in Kalifornien.

Trotzdem spürte ich schon die Auswirkungen des „Segnens“ in mir. Dieses sichtbare Zeichen der Vergebung war der nächste Schritt auf dieser Reise. Gott hatte mein Herz stark verändert: Nun wollte ich die Kinder des Mannes segnen, der mein Kind ermordet hatte. Bis dahin war es ein schwerer Kampf gewesen. Aber ich merkte: Es war gut, auf Gott zu hören.

Hatte ich mich verhört?

Allerdings reagierte ich bestürzt und schockiert, als ich Martins Antwort las. Hatte ich mich denn verhört, als ich versuchte, Gottes Wege zu gehen? Ich war enttäuscht. Denn Martin bat mich darum, seine Kinder *nicht* zu kontaktieren:

Liebe Frau Collard,

(…)

Der Segen, den Gott mir durch Ihre Briefe schenkt, berührt mich so sehr, dass ich Gott immer wieder danke. Doch dieser Segen ist auch mit großem emotionalen Schmerz verbunden. Ich fühle mich zwar gesegnet, dass Sie mir schreiben, und bin sprachlos über Ihre Freundlichkeit. Aber ich habe Ihnen etwas Schreckliches angetan. Das kann ich mir nicht verzeihen. Ich bin mir nicht sicher, ob ich das jemals tun kann. Deshalb bitte ich Sie, doch für mich zu beten.

Es berührt mein Herz, dass Sie an andere denken, noch bevor Sie an sich selbst denken. Besonders an meine Kinder. Ja, diese Tragödie hat sie innerlich zerbrochen und sie suchen einen Weg aus dem Schmerz … Ich glaube nicht, dass meine Ex-Frau mir vergeben hat oder mir jemals vergeben wird. Ich denke, wenn Sie meine Kinder kontaktieren, wird es einen negativen Einfluss auf sie haben …

(…)

Natürlich verstand ich seine Gründe, die von der zerrütteten Beziehung zu seiner Ex-Frau herrührten. Seine größte Sorge war, das Besuchsrecht für seine Kinder zu verlieren. Gleichzeitig verstand ich Gott nicht. Ich drückte meinen Frust ehrlich vor ihm aus. Warum war das passiert? Ich ließ mich sogar dazu hinreißen, mit Gott zu schimpfen: „*Warum hast du gesagt, dass ich so etwas Schweres tun soll, wenn es jetzt doch nicht klappt?*" Wie viel Geduld Gott doch mit mir, seinem Kind, hat!

Sanft sprach er zu meinem Herzen und erklärte mir, warum ich dieses „sichtbare Zeichen der Vergebung" setzen sollte. Er erinnerte mich an die Stelle in 1. Petrus 3,9: „Denn dazu hat Gott euch berufen, damit ihr dann seinen Segen erbt." Gott wollte mich nicht belasten, sondern befreien und beschenken!

Unmittelbar nach diesem Briefwechsel spürte ich, wie eine riesige Last von mir abfiel. Ich erlebte eine totale Befreiung von allem Groll und jeder Bitterkeit, die ich Martin gegenüber noch im Herzen hatte. *Ich war frei!*

Ja, es war eine lange Reise, den Schmerz zu besiegen. Aber Gott blieb an meiner Seite. Er sorgte dafür, dass meine Gefühle und mein Wille zu vergeben in Einklang kamen. Nie wollte er mir eine unnötige Last auflegen. Er wollte mich segnen mit seinem Gebot, Martin so zu vergeben, wie er mir in Christus vergeben hatte.

Von diesem Tag an betete ich noch freier für Martin – dass er Frieden mit Gott finden und Gottes Vergebung und Errettung annehmen konnte.

In demselben Brief, in dem er das Angebot, mit seinen Kindern zu sprechen, abgelehnt hatte, schrieb Martin: „Ich fühle mich so gesegnet." Er, der Mörder, war gesegnet durch meinen aktiven Schritt auf Gottes Weg! Als ich ihn segnete und Gutes zu ihm sagte, beschenkte Gott nicht nur mich mit geistlicher und emotionaler Freiheit. Nein, er begann auch, in Martin zu wirken. Nur Gott kann so etwas tun!

Während der nächsten zehn Jahre schrieben wir uns weitere Briefe, nicht ständig, aber hin und wieder. Mein größter Wunsch war es dabei, dass Martin Gott kennenlernte. Ich schrieb ihm einfach, wenn Gott es mir aufs Herz legte. Mein Bruder tat das Gleiche. Wir beide merkten, wie stark Gott an Martin wirkte.

Es fiel ihm schwer, zu glauben und anzunehmen, dass Gott ihm vergeben konnte, aber er sehnte sich sehr danach. Im Juni 2000 schrieb er: „Ich habe Gott um Vergebung gebeten. Aber ich weiß nicht, was er mit mir vorhat. Ehrlich gesagt, habe ich mir selbst noch nicht vergeben können."

Im Juli 2000 schrieb er mir einen weiteren Brief:

Liebe Frau Collard,

(...)

Ich bezweifle, dass mir jemals eine Person wie Sie begegnet ist im Leben ... Ich habe etwas Schreckliches getan. Wenn ich mein Leben geben könnte, um Vergangenes zu ändern – ich würde es tun! Bitte glauben Sie mir, ich habe tausend Mal um Vergebung gebeten und auch sonst tausend weitere Gebete gesprochen.

Im Juli 2001 schrieb er zum ersten Mal, dass er Gottes Vergebung „annehmen“ konnte. War Martin nun ein Kind Gottes geworden? Das konnte ich nicht mit Sicherheit sagen. Aber ich betete weiter für ihn und ermutigte ihn, mit anderen Christen im Gefängnis Kontakt aufzunehmen. Außerdem versuchte mein Bruder, ihn im Gefängnis zu besuchen. Doch Martin lehnte es ab. Vielleicht würde sich in der Zukunft die Gelegenheit zu einem Treffen zwischen den beiden ergeben.

Danke für das Buch

Etwa zwölf Jahre nach dem ersten Briefwechsel erschien meine Geschichte auf Englisch. Ich schrieb sie auf, um andere zu ermutigen. Als ich eines Abends in unserer Berghütte saß, überlegte ich: Soll ich Martin das Buch auch schicken? Also fragte ich ihn, ob er es lesen wollte. Ja, meinte er.

Ich schickte ihm ein Exemplar und erklärte ihm, dass es meine persönliche Reise beschreibt, keine Details der Mordnacht. Alles, was ich wollte, war Gottes Weg mit mir nachzuzeichnen und ihm zu danken, dass ich nun ganz frei war. Kurze Zeit später erhielt ich zwei Briefe von Martin:

Liebe Dianne.

Danke, dass Sie mir Ihr Buch geschickt haben.

Ich ging in meine Zelle, um das Buch zu lesen. Ehrlich gesagt, habe ich gezittert. Ich wusste, dass dieses Buch alles, was ich Ihrer Familie angetan habe, noch mal ans helle Licht bringt. Oft musste ich aufhören zu lesen, weil mir die Tränen kamen, als ich wieder spürte, wie viel Schmerz ich Ihnen zugefügt habe.

... Es gibt keine Erklärung, Entschuldigung ... Tim hat das nicht verdient, was ich ihm angetan habe. Niemand hätte das verdient.

Ich weiß jetzt: Gott hat mir vergeben, und ich glaube, Sie haben es auch, Frau Collard. Durch die Hilfe Ihrer Familie habe ich jetzt eine Beziehung mit Gott. Aber es ist immer noch sehr schwer, mit dem Schmerz umzugehen, den ich verursacht habe.

(...)

Anfang April 2011

Liebe Dianne!

Nochmals vielen Dank, dass Sie mir Ihr Buch geschickt haben. (...) Andere Häftlinge lesen es jetzt und ich kann sagen, dass es eine beliebte Lektüre ist, ein echter Hit!

Gott wirkt in all dem und hat viele berührt und vieles bewirkt. Seit fast 15 Jahren habe ich meinen Sohn nicht mehr gesehen. Aber gestern habe ich einen Brief von ihm erhalten. Gott erhört unser Gebet, dass Versöhnung vielleicht möglich ist ...

Die Briefe, die ich neulich bekommen habe, bedeuten mir so viel wie irgendwann meine Entlassung. Ihre Briefe gehören dazu. Ich weiß, dass Gott hinter all diesen guten Dingen steckt, aber Sie waren diejenige, die mir seine Botschaft überbracht hat. Danke.

(...)

Ich weiß, Gott hat mir vergeben und auch Menschen, die noch am Leben sind. Tims Vergebung kann ich nicht erhalten, bevor ich vor Gottes Thron knie. Hoffentlich bringt er uns eines Tages zusammen, um die Ewigkeit zusammen zu verbringen.

Ende April 2011

Ich antwortete ihm, dass ich ganz gewiss bin: Tim hat ihm vergeben. Mehr noch, er würde sich riesig freuen, wenn er wüsste, welche Wegstrecken wir alle bereits geschafft haben auf der Reise zur Vergebung und Heilung.

Kapitel 8

Wunder des Herzens
Die unendliche Reise

„Sanft heilt Gott mein Herz
und bereitet mich auf ungewöhnliche Begegnungen vor."

Als ich anfing, Martin Briefe zu schreiben, und völlige Freiheit erlebte, überraschte mich Gott mit einem weiteren Geschenk: Ich wurde noch freier, anderen Menschen, die mit dem Thema Vergebung ihre Mühe hatten, zur Seite zu stehen. Denn die Heilung des tiefen Schmerzes in mir war abgeschlossen.

Natürlich spüre ich noch Trauer – auch während der Vorträge –, aber der Schmerz überwältigt mich nicht mehr. Jeden Tag meines Lebens denke ich an Tim. Ich versuche, mir vorzustellen, wie er wohl heute als reiferer Mensch sein würde. Die Sehnsucht, ihn zu sehen, ist immer noch da, und oft fließen sogar Tränen. Aber ich bin Gott dankbar, dass nichts mehr von der Wut und Bitterkeit übrig ist, die einen solch tief greifenden Verlust gewöhnlich begleiten.

In den letzten zwölf Jahren hatte ich das Vorrecht, vielen Menschen zu sagen: Dieses Wunder geschah nicht in meinem Herzen, weil ich einen starken Charakter habe, wie manche Leute meinen. Sondern nur, weil Gott treu ist. Aus Liebe zu mir hat er mich auf dieser Reise geführt und begleitet, damit ich dem Mann vergebe, der meinen Sohn getötet hat. Jesus hat mir Freiheit, Freude und seelische Gesundheit geschenkt, wo ich nur noch Wüsten erwartet hatte. Natürlich überraschen mich immer noch manche Fragen und Herausforderungen. Sanft heilt Gott mein Herz und bereitet mich auf ungewöhnliche Begegnungen vor.

So kann ich nun seit vielen Jahren Menschen auf ihrer Reise zur Vergebung helfen.

Im Hochsicherheitsgefängnis

2008 bekam ich eine Einladung, in einem Hochsicherheitsgefängnis zu sprechen. Ich sollte den Gefangenen meine Geschichte erzählen und über Vergebung reden. Ich hatte schon in vielen Ländern über meine Reise zur Vergebung gesprochen, aber immer vor *Opfern*, nie zu den Tätern. Was wäre, wenn einer der Gefangenen sagen würde: „Ich bin auch ein Mörder!"? Ehrlich gesagt, wusste ich nicht, wie ich reagieren würde.

Während ich das Gefängnis betrat, betete ich: „Gott, hilf mir, richtig zu reagieren." Trotzdem fühlte ich mich unsicher und hatte Angst. Das war nicht zu leugnen. Der Gefängnisgeistliche wollte mich beruhigen. „Ach, Frau Collard, machen Sie sich keine Sorgen", erklärte er mir, „die Gefangenen geben niemals öffentlich ihre Schuld zu! Und sie erzählen auch nie von den Verbrechen, die sie begangen haben."

Doch da lag er völlig falsch! Kaum hatte ich meinen Vortrag begonnen, sagten einige Männer offen und laut: „Ich bin auch ein Mörder!“ Innerhalb der ersten zehn Minuten meldeten sich gleich drei Männer! Der Gefängnisgeistliche staunte so sehr, dass er gar nicht wusste, wie er reagieren sollte.

Auch ich war überrascht. Ich spürte, wie meine Gefühle in Wallung gerieten, Wellen der Furcht und Ablehnung überrollten mich. Da betete ich wieder leise: „Gott, gib mir deine Liebe für diese Männer. Lass sie mich so sehen, wie du sie siehst.“

Auf einmal änderte sich meine Sicht. Meine Gefühle wechselten von Furcht und Ablehnung zu Liebe und Mitgefühl. Ich spürte deutlich Gottes Kraft in mir. Allein hätte ich das nie geschafft. Er half mir, Mördern mit Mitgefühl in die Augen zu schauen. Ich war frei, selbst Mördern Gottes Liebe zu zeigen. Mein Vortrag war keine theoretische Abhandlung, sondern kam von Herzen.

Vor Kurzem besuchte einer der Mörder, die mir damals zugehört hatten, unsere Kirchengemeinde. Er war gerade aus dem Gefängnis entlassen worden und es war ihm ein großes Anliegen, von seiner Reise zur Vergebung zu berichten: Gott befreit sogar Mörder von ihrer Schuld und schenkt ihnen eine neue Chance.

Begegnung in Serbien

Immer wieder spreche ich zu Menschen aus anderen Kulturkreisen über das Thema Vergebung. An manchen Orten hörte ich: „Hier funktioniert das einfach nicht!“ Dieses Vergehen sei zu schwer, oder das Gebot der Vergebung passe nicht zur Kultur.

Gerade eine Reise nach Serbien bleibt mir als Beispiel in Erinnerung, dass Vergebung überall Befreiung schenken kann – egal, in welcher Kultur. Dort sprach ich in Belgrad zu einer Gruppe von Frauen, die noch nicht lange gläubig waren. Sie hatten die verheerenden Folgen von Krieg, Missbrauch in der Familie und andere schreckliche Dinge erlebt. Außerdem gehört es zur Kultur der Balkanländer, Vergebung als Schwäche zu betrachten. Unrecht verlangt und erfordert Vergeltung. Weil dieses Denken so tief in der dortigen Kultur verwurzelt ist, vermeiden die Kirchenleiter es gewöhnlich, klar über das Thema „Vergebung" zu lehren. Es herrscht oft eine geistliche Blindheit, und das Leid der Vergangenheit konnte wegen der Lehrmeinung vieler Theologen nicht verarbeitet werden.

Wie würden diese Frauen wohl auf meine Geschichte reagieren?

Ich bemühte mich, meine Reise zur Vergebung ehrlich zu erzählen. Ganz offen sprach ich über den Schmerz und den Segen. Ich erklärte das „Siebzigmal-sieben"-Prinzip und wie Gott mir durch den Vers in 1. Petrus 3 aufs Herz legte, zu segnen, um seinen Segen zu ernten.

Die Frauen hörten still zu. Am Schluss meines Vortrags ermutigte ich alle zu beten. „Fragen Sie Gott, ob es irgendjemand in Ihrem Leben gibt, dem Sie vergeben sollten – auch wenn Ihnen dieses Gebot Gottes fremd vorkommt." Ich fuhr fort: „Und vielleicht wird Gott Ihnen eines Tages zeigen, welche sichtbaren Zeichen der Vergebung Sie setzen können, um diesen Menschen zu segnen."

Die Frauen knieten sich hin und fingen an zu beten.

Plötzlich fing eine Frau namens Anya an, laut zu schluchzen. Sie kniete weit hinten im Raum. Als die Gebetszeit vorbei war, fragte ich sie, ob sie uns mitteilen wollte, was Gott ihr gezeigt hatte. Sie erzählte uns, sie wüsste jetzt ganz genau, wem sie zu vergeben hätte. Ihr Ex-Mann hatte sie und ihren zwölfjährigen Sohn auf grausame Weise misshandelt. Sie hatte sich von ihm scheiden lassen und einige Zeit später zum christlichen Glauben gefunden und Jesus ihr Leben anvertraut.

„Aber der Hass auf meinen Mann ist geblieben!", sagte sie. Was ihr besonders viel Kummer bereitete, war die Tatsache, dass ihr Ex-Mann ihr nicht erlauben wollte, ihren Sohn in die Kirche mitzunehmen oder mit ihm über Gott zu sprechen.

„Doch heute Abend habe ich mich entschlossen, Gottes Weg zu gehen und meinem Ex-Mann zu vergeben!", sagte sie. Im Raum herrschte Stille. Alle blickten gebannt auf Anya. Dann fuhr sie fort: „Ich weiß auch schon, was für ein sichtbares Zeichen ich setzen will." Ich war fast schockiert, als sie das sagte. Schließlich hatte es bei mir Jahre gedauert, bis ich an diesen Punkt meiner Reise gekommen war. Und ihr hatte Gott es in kürzester Zeit klargemacht!

Fragend schaute ich sie an. „Mein Ex-Mann hat kürzlich ein schlimme Diagnose bekommen: Krebs im Endstadium", erzählte sie. „Es gibt niemanden, der ihn pflegen kann, und er hat auch keinen Ort, wo er bis zu seinem Tod leben könnte." Ich schluckte, als sie mit ihrer Geschichte fortfuhr. „Mir ist klar", sagte sie, „was Gott von mir möchte. Ich soll ihn bei mir aufnehmen und ihn bis zu seinem Tod pflegen."

In dem Moment hallte ein Schrei quer durch den Raum. „Nein! Neiiiiiiiiiiin!“, schrie eine andere Frau durch den Raum. „Nein! Das kannst du nicht machen! Das kann Gott nicht von dir verlangen!“

Die Frau war Anyas Schwester. Jahrelang war sie Zeugin der furchtbaren Misshandlungen gewesen, die ihr Ex-Schwager ihrer Schwester zugefügt hatte. Sie konnte sich einfach nicht vorstellen, dass Anya ihn wieder bei sich aufnehmen würde.

Doch Anya war fest dazu entschlossen. Sie antwortete: „Doch, genau das ist es, was Gott mir gezeigt hat. Ich möchte seinen Segen haben. Deshalb werde ich seinem Wort folgen, egal, wie schwer es ist.“

In der darauffolgenden Woche holte sie ihren Ex-Mann zu sich nach Hause und pflegte ihn hingebungsvoll. Nach wenigen Wochen starb er.

Später erkundigte ich mich bei Anya: „Warum hat Gott dich wohl aufgefordert, dieses besondere Zeichen der Vergebung zu setzen?“ Ich wollte wissen, ob ihr Mann dadurch zum Glauben gefunden und Jesus Christus vor seinem Tod angenommen hätte.

„Nein“, sagte sie. „Soweit ich weiß, hat er das nicht. Aber ich weiß, warum Gott mich darum gebeten hat.“ Es gäbe sogar zwei Gründe für diese „Segenstat“, erklärte sie. „Gott hat mich doppelt beschenkt“, sagte sie. „Zum einen hat es mich innerlich frei gemacht. Ich empfinde keinerlei Groll oder Bitterkeit mehr gegenüber meinem Ex-Mann. Aber Gott hat mir auch einen anderen Herzenswunsch erfüllt: Dass mein Sohn Jesus kennenlernen möchte!“

„Wie kam das?“, fragte ich.

„Nach dem Tod meines Mannes kam mein Sohn zu mir“, erzählte sie, „und bat mich, mit in die Kirche gehen zu dürfen. Er sagte: ‚Während du Vater gepflegt hast, habe ich Gottes Hände und sein Gesicht in dir gesehen. Wenn dieser Gott eine solche Veränderung in dir bewirken kann, dann will ich auch eine persönliche Beziehung zu ihm haben.‘ Seitdem geht mein Sohn mit in den Gottesdienst.“ Anya strahlte eine ungewöhnliche Freude aus. Immer wieder sagte sie: „Danke, Gott, danke, dass du so in meinem Leben wirkst!“

Segenstaten – die sichtbaren Zeichen der Vergebung – sind besondere Wege, durch die Gott uns beschenkt und mit Segen überschüttet: mit Freiheit, innerer Heilung und Freude. Vergebung bricht die Macht des Bösen in unserem Leben, eine Macht, die uns durch Hass, Zorn und Groll fesselt, wenn wir es ihr erlauben.

In jeder Kultur gilt Gottes Gebot, zu vergeben und unsere Feinde zu segnen. Dieses Gebot entspringt seiner Liebe. Denn Gott ist die Liebe in Person.

Mörder oder Bruder?

Es ist ein Wunder, wie Gott Herzen verändert, wenn wir ihn nur lassen. Auch ich staune über den Wandel in mir. In den letzten 19 Jahren änderte Gott meine Sicht von Martin drastisch: vom Monster und Mörder hin zu einem Menschen und meinem Bruder in Christus! 2008 sprach ich in Guadalajara,

Mexiko, vor einer großen Gruppe über das Thema Vergebung. Dabei bemerkte ich eine neue Frage in meinem Herzen: Was ist, wenn Martin wirklich Christ ist? Während ich dem Publikum von Martins Briefen erzählte, traf mich diese Frage ganz überraschend. Könnte ich ihn denn dann noch in erster Linie als „Tims Mörder" betrachten? Oder war er dadurch nicht zuallererst mein Bruder, ein Mitglied in Gottes Familie? An diesem Tag überraschte mich dieser Gedanke mit voller Wucht. Wieder arbeitete Gott an mir.

Einige Monate später sprach ich in North Carolina, USA, zu einer kleinen Gruppe von Frauen auf einer Freizeit für Hauskreisleiter. Während der anschließenden Frage-und-Antwort-Zeit stellte eine Teilnehmerin die Frage: „Es könnte also sein, dass Martin Christ ist. Wie wirst du dich fühlen, wenn du ihm im Himmel begegnest?"

Auweia, was für eine Frage! Ich war so dankbar, dass Gott mein Herz darauf vorbereitet hatte. Ganz aufrichtig konnte ich antworten: „Ich werde mich freuen!"

Während ich antwortete, merkte ich allerdings auch, dass es nicht nur um die Frage ging, was ich im Himmel tun würde. Die eigentliche Frage war: Was würde ich wohl tun, wenn ich Martin einmal auf dieser Erde begegnen würde? Wäre er für mich ein Mörder oder mein Bruder?

Würde ich mich freuen und ihn als Kind Gottes in die Arme schließen? Ich hoffe es. Auch da vertraue ich auf Gottes Kraft. Er kann mir helfen, positiv zu reagieren, wenn die Zeit gekommen ist.

So geht meine Reise der Vergebung nie zu Ende. Ich weiß, es

werden immer wieder neue Schritte vor mir liegen. Noch bin ich Martin nicht persönlich begegnet. Aber bestimmt wird er eines Tages aus der Haft entlassen, und ich kann mir vorstellen, dass sich unsere Wege kreuzen werden. Welche sichtbaren Zeichen der Vergebung Gott mir dann aufs Herz legt, weiß ich noch nicht. Ich vertraue einfach seiner Liebe, dass er mir zur richtigen Zeit die Kraft schenkt, die ich brauche.

Am Anfang meiner Reise stand die Frage: „Erwartet Gott wirklich von mir zu vergeben?“ Nun frage ich mich: „Was hat Gott wohl vor, wenn ich diesen Menschen segne?“ Ich weiß genau, dass sein Gebot zu segnen auch mir Segen bringt.

Deshalb freue ich mich sogar auf die nächste Strecke auf diesem Weg.

Nachwort

Segenskreise

Sünde zieht Kreise – wie ein Stein, der ins Wasser fällt. Doch auch Segen hinterlässt Spuren: Segenskreise. Gott hält sein Versprechen, das er mir durch die Stelle in 1. Petrus 3 gegeben hat!

„Mein ganzes Leben lang werde ich weiter auf dieser Reise sein", schrieb ich, bevor meine Geschichte 2010 auf Englisch erschien. Doch nie hätte ich erwartet, dass Gott so viel Erstaunliches im folgenden Jahr tun würde! All die zahlreichen Briefe, in denen mir Leser aus vielen Ländern berichten, wie Gott sie auf ihrer eigenen Reise der Vergebung führt! Leben verändern sich, wenn Menschen sich entscheiden zu vergeben und Gottes Geboten folgen! Manche Beziehungen werden wieder heil. Gottes Kraft bewirkt Großes!

Immer mehr erlebe ich die Segenskreise, und zwar nicht nur bei mir selbst und meiner Familie. Gott segnet auch viele andere Menschen, denen ich während meiner Vortragsreisen begegne. Ganz besonderen Segen erlebe ich mit Martin und seiner Familie. Seit mein Buch auf Englisch erschienen ist, verteilt Martin es an seine Mitgefangenen. Diese staunen: Wieso würde ein Mörder seine Schuld zugeben? – und denken über ihr eigenes Leben nach.

Neulich schrieb er mir sogar, dass er meine Geschichte in einer Predigt einbinden will: „Ich benutze Ihr Buch, um eine Mini-Predigt vorzubereiten zum Thema ‚Die Folgen einer Straftat für die Opfer' … Das ist sicher das erste Mal, dass ich versuche, darüber zu sprechen. Sie haben mich inspiriert."

Außerdem bin ich in Kontakt mit Martins Tochter. Gott erhörte das Gebet, das ich vor langer Zeit gesprochen habe! Im Herbst 2011 erlaubte Martin meinem Bruder und mir, seine Kinder zu kontaktieren. Über das Internet haben wir sie gefunden. Während Martins Söhne noch nicht geantwortet haben, wollte seine Tochter uns kennenlernen. Ihr Leben lang dachte die junge Frau, die mittlerweile Anfang 20 ist, dass ich und meine Familie sie abgrundtief hassen. Sie hatte es sehr schwer und ist immer noch tief verletzt, aber freut sich über den Kontakt zu meinem Bruder und seiner Familie, die sie auf wundervolle Weise quasi adoptiert hat. Mein Bruder nimmt sie mit in den Gottesdienst und hat es ihr ermöglicht, Zeit mit ihrem Vater im Gefängnis zu verbringen.

Eines Tages fragte sie: „Würde Tims Mutter sich einmal mit mir treffen wollen?" Mein Bruder antwortete sofort: „Ich weiß genau, dass sie sich mit dir treffen will. Das wünscht sie sich seit Jahren." Dann zeigte er ihr die Stelle in meinem Buch, wo ich für Martins Kinder betete. Die junge Frau staunte!

Vor ein paar Wochen haben wir beide einen Abend zusammen verbracht – ein Treffen, das nur Gott so einfädeln konnte! Ich habe ihr erzählt, dass ich oft an sie und ihre Brüder gedacht habe. Sie redete von ihrer Trauer und davon, wie leid ihr alles für unsere Familie tat, besonders für Tims Tochter.

Was wird die Zukunft wohl bringen? Ich weiß es nicht. Aber wir sind fest entschlossen, diese Familie weiter zu begleiten. Wir beten, dass sie Gott kennenlernen und eine echte Versöhnung mit ihrem Vater erleben.

Aber ich bete auch für Ihre Reise! Denn ich habe diese Geschichte nicht um meinetwillen aufgeschrieben. Sondern für Sie. Von ganzem Herzen wünsche ich mir, dass auch Sie die Freiheit erleben, die Vergebung mit sich bringt. Vielleicht erfahre ich Ihre persönliche Geschichte nie. Aber ich weiß, dass jeder Mensch irgendwann in seinem Leben Verletzungen erfährt, die Vergebung notwendig machen. Ich weiß auch, dass Gott Sie zur Freiheit beruft und Sie segnen möchte, wenn Sie Ihre eigene Reise zur Vergebung in der Kraft des Heiligen Geistes antreten.

Gottes Gebote befreien und beschenken uns Menschen, auch wenn der Weg steil und steinig ist. Deshalb lohnt es sich immer wieder, sich für Vergebung zu entscheiden. Siebzigmal sieben.

Herzlich

Ihre
Dianne Collard
November 2011

Anhang

Ihre persönliche Reise

Wichtige Fragen und Herausforderungen auf der Reise

Bestimmt unterscheidet sich Ihre Geschichte von meiner. Auf Ihrer Reise mag es große und kleine Vergehen und Verletzungen unterschiedlichen Ursprungs gegeben haben. Wie dem auch sei: Die Notwendigkeit zu vergeben bleibt gleich.

An dieser Stelle möchte ich auf einige der Fragen eingehen, die mir immer wieder gestellt werden, wenn ich in verschiedenen Ländern über das Thema Vergebung spreche. Vielleicht werden dadurch ja auch einige Ihrer Fragen beantwortet.

Was ist, wenn die Person, die Vergebung braucht, ich selber bin? Ich habe etliche wirklich schreckliche Fehler gemacht und viele Menschen verletzt. Ich bin es nicht wert, dass mir vergeben wird, und ich kann mir selbst nicht vergeben.

Diese Gedanken haben Menschen mir gegenüber in beinahe jedem erdenklichen Rahmen geäußert. Sie bilden auch die größte Hürde für Insassen in Gefängnissen. Wie vergibt man sich selbst?

Als Kind Gottes wissen Sie, dass Gott Ihnen Ihre Sünden vergibt. Ohne seine Gnade fehlt uns die Grundlage, sich selbst oder anderen zu vergeben, und auch die Kraft, es zu tun.

Gottes Vergebung anzunehmen, zeigt, dass wir seinem Charakter und seinen Zusagen vertrauen. Es ist die Entscheidung, dem Wort Gottes Glauben zu schenken. Wer Gottes Vergebung nicht annehmen möchte, leugnet, was Gott getan hat. Das ist schlicht Unglauben.

In Jesaja 55,7 heißt es beispielsweise, dass Gott „reich an Vergebung“ ist (ELB). In 1. Johannes 1,9 finden wir die Zusage, dass Gott „treu und gerecht [ist], dass er uns die Sünden vergibt und uns reinigt von jeder Ungerechtigkeit (ELB).“ Und Jesus sagte seinen Jüngern, nachdem er gestorben und auferstanden war, kurz vor seiner Himmelfahrt: „Es gibt Vergebung der Sünden für jeden, der zu mir umkehrt“ (Lukas 24,47).

König David, der so schwer gesündigt und dann versucht hatte, es zu verheimlichen, rief später jubelnd aus: „Lobe den Herrn, meine Seele, und vergiss nicht, was er dir Gutes getan hat: Der dir alle deine Sünden vergibt …“ (Psalm 103,2–3a, LÜ). David wusste, dass Gott Sünden vergibt und dass er auch ihm seine Schuld vergeben hatte.

Glauben Sie wirklich, dass Gott Ihnen vergeben hat? Nicht, dass Sie es verdient hätten. Darum geht es nicht. Niemand hat Gottes Gnade und Vergebung verdient. Es geht darum, dass Gott selber erklärt, dass er vergibt. Und nicht nur das: Er schenkt uns auch die Gerechtigkeit Christi. Durch seine Gnade können wir als Menschen leben, denen vergeben wurde. In Gottes Augen sind wir „lebende Heilige“.

Deshalb sollen wir auch uns selbst vergeben. Diese Tatsache ist ein Grund zum Feiern. Wir dürfen als Befreite leben! Unsere vergangenen Sünden und falschen Entscheidungen bestimmen nicht, wer wir sind oder wer wir sein können. Es ist unsere Entscheidung, ob wir in dieser Realität leben wollen oder nicht. Deshalb möchte ich Sie ermutigen: Feiern Sie eine „Tat der Vergebung“ für sich selbst, weil Sie durch das Blut Jesu rein gewaschen sind (vgl. 1. Johannes 1,9).

Meine lieben Mitreisenden, Gott sagt uns in Römer 8,1: „Es gibt keine Verurteilung für die, welche zu Christus Jesus gehören.“

Glauben Sie das? Oder fühlen Sie sich noch verurteilt und unfähig, sich selbst zu vergeben? In 1. Petrus 5,8 lesen wir: „Seid besonnen, seid wachsam! Euer Feind, der Teufel, streift umher wie ein brüllender Löwe, immer auf der Suche nach einem Opfer, das er verschlingen kann.“

Wenn wir die Schritte der Vergebung durchgehen, aber immer noch das Gefühl haben, schuldig zu sein und keine Vergebung bekommen zu haben, dann ist dies ganz klar das Werk Satans, unseres Feindes, nicht das Werk Gottes. Sie dürfen mit diesem Gefühl des Schuldigseins zu Gott kommen, ihn fragen, ob er der Urheber ist, und ihn dann bitten, es von Ihnen zu nehmen. Anschließend sollten Sie ruhig auch Satan, dem Vater der Lüge, erklären: „Mir ist vergeben worden! Du hast kein Recht, mich von Neuem mit Schuld und Scham gefangenzunehmen!“

Die Person, der ich vergeben muss, ist nicht mehr am Leben. Ich habe den Kontakt zu ihr verloren. Oder: Ich bin Opfer eines Verbrechens geworden und kenne den Täter nicht. Wie sieht die Vergebung und das „Segnen“ in meiner Situation aus? Wie kann ich Gottes Gebot folgen?

Diese Frage ist sehr weit verbreitet. Vielen Menschen ist vor langer Zeit Unrecht geschehen. Vielleicht sind Sie Opfer von Kindesmissbrauch oder sonst eines Verbrechens geworden. Auch wenn der Täter Ihnen nichts mehr antun kann, müssen Sie ihm vergeben. Nicht vergeben zu wollen, räumt der Erinnerung an die betreffende Person und das von ihr verübte Unrecht eine Art Herrschaft über uns ein. Durchtrennen Sie die Fesseln, die Sie binden, und befreien Sie sich selbst, indem Sie vergeben!

Die Vorgehensweise entspricht der in Kapitel 5 beschriebenen. Besonders wichtig ist dabei, dass Sie Ihren Entschluss zu vergeben schriftlich festhalten und mit einer vertrauenswürdigen Freundin oder Seelsorgerin teilen. Vernichten Sie dann die Liste und leben Sie fortan in dem Wissen, dass Sie Gott gehorsam gewesen sind. Erklären Sie dem Feind, dass er in Bezug auf diese Situation nicht länger Macht über Sie ausüben oder Zugriff auf Ihr Leben haben kann. Danken Sie Gott dafür, dass er Ihnen die Kraft geschenkt hat, diesem Menschen zu vergeben, und dass Sie nun in Freiheit leben dürfen.

Wenn ich ehrlich sein soll, bin ich eigentlich böse auf Gott. Er hat nicht das getan, was ich wollte. Er hat zugelassen, dass ein solch schlimmes Unglück in meinem Leben passiert ist. Im Grunde ist alles seine Schuld. Wie kann ich Gott „vergeben"?

Wenn wir Gott die Schuld für schwierige Umstände in unserem Leben geben, haben wir vielleicht das Gefühl, ihm vergeben zu müssen. Natürlich kann man Gott weder Sünde noch Unrecht zuschreiben, da er heilig ist. Hiob hat es einmal versucht, als er ausrief: „Merkt ihr denn nicht, dass Gott mir Unrecht tut und mich in seinem Netz gefangen hat? Ich schreie: ‚Hilfe!', aber niemand hört mich. Ich rufe aus Leibeskräften – aber keiner verschafft mir Recht" (Hiob 19,6–7).

Hiob gibt hier einem sehr menschlichen Gefühl Ausdruck. Er lässt eine Schimpfkanonade los, in der er alles Böse, das Gott ihm scheinbar selbst angetan hat, und die Folgen der „ungerechten" Taten Gottes aufzählt.

Eine Zeit lang hörte Gott sich Hiobs Beschwerden und Anklagen an. Doch dann, in Hiob 40,8, lesen wir seine Antwort: „Willst du mein Urteil widerlegen und mich schuldig sprechen, nur damit du recht behältst?" Dann erinnerte er Hiob daran, wer er ist und wie er in seiner Allmacht über die Natur und auch über Hiob selbst herrscht. Hiobs Reaktion war aufrichtige Buße: „Darum widerrufe ich meine Worte, ich bereue in Staub und Asche!" (Hiob 42,6).

Wenn wir Groll gegenüber Gott hegen, sollten wir wie Hiob zu ihm kommen und Gottes liebevolle Souveränität in unserem Leben anerkennen. Auch hier richtet sich der Fokus wieder auf unseren Glauben. Glauben wir wirklich, dass Gott gut ist? Vertrauen wir ihm völlig? Wir dürfen ehrlich sein und ihm all unser Leid bringen, all das, was wir nicht verstehen. Aber irgendwann ist es an der Zeit loszulassen.

Ich selbst habe in den Monaten nach Tims Tod mit Gott gehadert. Wenn ich heute darüber nachdenke, erkenne ich, dass mein Groll nicht nur von der Trauer über den Verlust meines Sohnes herrührte, sondern dass ich wirklich das Gefühl hatte, von Gott verraten worden zu sein.

Genau zu der Zeit, als Tim in Kalifornien ermordet wurde, saß ich mit meinem Mann und Sohn im Sonntagmorgengottesdienst der Internationalen Gemeinde in Wien. Tim kam gegen 2:30 Uhr morgens Ortszeit ums Leben. Da der Zeitunterschied zwischen Kalifornien und Österreich neun Stunden beträgt, war es in Wien also 11:30 Uhr, als der Mord geschah. Während unser Pastor predigte, spürte ich plötzlich den starken Drang, für Tim zu beten. Ich wusste nicht, warum oder wie ich beten sollte, ich erinnere mich nur, dass ich gerade in diesem Augenblick beten musste.

So klinkte ich mich kurz aus der wunderbaren Predigt aus, um ein stilles Gebet zu sprechen. Zuerst war ich noch sehr unruhig, doch dann kam ein tiefer Frieden in mein Herz, verbunden mit der inneren Gewissheit, dass Gott mein Gebet gehört hatte und sich der Situation um Tim annehmen würde, egal wie sie aussah.

Beinahe zwölf Stunden später erhielten wir die Nachricht, dass Tim in der vorhergehenden Nacht ermordet worden war –, also genau zu der Zeit, als ich für ihn beten musste und dann den Frieden Gottes so wunderbar erlebte.

Für mich passte das einfach nicht zusammen und ich fing an, mit Gott zu hadern. Ich sagte zu ihm: „Gott, du hast mir die Last aufs Herz gelegt, für Tim zu beten, und ich war dir gehorsam. Du hast mir inneren Frieden und die Gewissheit geschenkt, dass du dich um meinen Sohn kümmerst. Trotzdem hast du es zugelassen, dass er auf brutale Weise umgebracht wurde."

Mein Glaube geriet ins Wanken, zumindest für einige Zeit.

Schließlich tat ich Buße für meine törichten Beschuldigungen und meinen Groll gegen Gott. Er ließ mich verstehen, dass der Drang, für Tim zu beten, tatsächlich von ihm stammte. Dieser Moment war eines der größten Geschenke, die ich während dieser schrecklichen Zeit von ihm erhalten hatte!

Denn nachdem Tim tot war, quälte ich mich mit dem Gedanken, was mein Sohn, der absolut gegen jede Gewalt gewesen war, wohl bei diesem brutalen Angriff aushalten musste. Ich stellte mir vor, wie er sich gefühlt haben musste, als Martin auf den Parkplatz gefahren war und die Verfolgungsjagd begonnen hatte. Wie war ihm zumute gewesen, als Martin den Wagen schlussendlich von der Straße abgedrängt und dann Doris mit Gewalt aus dem Auto gezerrt hatte? Welche Gefühle bewegten ihn, als er zurücklief, um sein Auto zu holen? War er bei dem Unfall verletzt worden? Hatte er Angst?

Als er dann bei seinem Auto ankam und einem wutentbrannten Mann mit einer Pistole in der Hand gegenüberstand, der ihn ungerechterweise beschuldigte, hatte Tim da versucht, mit ihm zu argumentieren oder ihm vielleicht sogar die Pistole aus der Hand zu schlagen? Wusste er, dass sein Leben in Gefahr war? Hatte er sich umgedreht und war weggegangen oder musste er sich hinknien und wurde regelrecht „hingerichtet“? War er in Panik geraten? Hatte er große Schmerzen aushalten müssen? Warum war sein Leichnam verstümmelt worden?

Ich litt entsetzliche Qualen. Auf keine meiner Fragen erhielt ich eine Antwort, aber sie drehten sich permanent in meinem Kopf und führten zu Albträumen und Angstzuständen. Innerlich beschuldigte ich Gott, meine Gebete für Tim nicht erhört und sich nicht um ihn gekümmert zu haben, obwohl er mich zum Gebet gedrängt hatte. Ich fühlte mich verraten und im Stich gelassen. Konnte ich „Gott vergeben"?

Nach und nach machte Gott mir klar, dass er meine Gebete für Tim sehr wohl erhört hatte. Er tröstete mich mit der wachsenden Erkenntnis, dass er in jener schrecklichen Nacht wirklich bei Tim gewesen war. Er hatte ihm die Kraft gegeben, dem Tod ins Auge zu sehen, und ihm auf wunderbare Weise Gnade zum Sterben geschenkt, so wie es bei Stephanus in Apostelgeschichte 7 der Fall war, als er zu Tode gesteinigt wurde. Gott überzeugte mich davon, dass er immer absolut vertrauenswürdig ist.

Genau das Ereignis, das der Grund meines Haderns mit Gott war, wurde für mich zur Quelle des größten Trostes. Was ich für nicht erhörte Gebete und die Weigerung Gottes, meinen Sohn zu retten, gehalten hatte, war in Wirklichkeit sein Geschenk, mit dem er mich von meiner Furcht und den quälenden Gedanken heilen wollte. Gott in seiner Souveränität erwies sich wieder einmal als absolut vertrauenswürdig.

„Gott zu vergeben", ist in Wirklichkeit ein Akt des Glaubens und der Hingabe an unseren allmächtigen Schöpfer und Erhalter, Gott. Vielleicht müssen Sie wie Hiob Buße über Ihren Unglauben tun. Entscheiden Sie sich neu, Gott zu vertrauen, und Ihre „Tat der Vergebung" wird Ihnen Frieden und innere Freiheit bringen.

Für Leiter: So fördern Sie eine Atmosphäre der Vergebung!

Unsere Kleingruppe bzw. unsere Gemeinde scheint voll von Menschen zu sein, die sich übereinander ärgern und so Spannung verursachen. Wie können wir als Leiter eine Atmosphäre der Vergebung fördern und schaffen?

Ich habe dieses reale, brennende Problem bei sehr vielen christlichen Organisationen und Gruppen festgestellt. Die Leiter sind sich häufig ihrer eigenen Rolle gar nicht richtig bewusst. Es ist aber ihre Aufgabe, eine „Atmosphäre der Gnade" zu schaffen, die Gott gefällt und in der Vergebung stattfinden kann. Ich möchte im Folgenden ein paar Schritte hin zu diesem Ziel nennen, die Leitern helfen können.

Schritt 1: *Erkennen Sie die Notwendigkeit einer Umgebung an, die Vergebung, Versöhnung und Gnade fördert.*

Es ist unmöglich, eine Gemeinschaft gesund im Glauben zu erhalten, ohne dass Vergebung umfassend praktiziert wird. Um dies zu erreichen, müssen Leiter die Führung übernehmen und konkrete Strategien entwickeln.

Eine solche Strategie setzt z. B. ein schriftliches „Versprechen zur Gnade“ ein. Welche Kraft in dieser Art von Versprechen liegt, zeigt sich an der Beziehung Gottes zu Israel im Alten Testament. Gott gab sich große Mühe, um solche Verpflichtungen einzugehen. Bei diesen „Verträgen“ handelte es sich um feierliche Versprechen oder Gelübde. Gott schloss einst ein Abkommen mit Abraham, indem er sagte: „Ich will einen Bund mit dir schließen, und ich sichere dir zu: Du wirst unzählbar viele Nachkommen haben“ (1. Mose 17,2). Dann erklärte Gott Abraham, welche Rolle er selbst in diesem Bund spielen würde und was er im Gegenzug von Abraham erwartete. Immer wieder lesen wir im 1. Buch Mose, dass Gott Abraham an diese Abmachung erinnerte. Abraham schloss seinerseits Abkommen mit den Führern anderer Völker.

Nehemia beteuerte: „Ach Herr, du Gott des Himmels, du mächtiger und Ehrfurcht gebietender Gott! Du hältst deinen Bund mit uns und erweist Gnade denen, die dich lieben und nach deinen Geboten leben“ (Nehemia 1,5). Jesus setzte bei seinem letzten Abendessen mit seinen Jüngern das ein, was wir heute das „Abendmahl“ nennen, und wies darauf hin, dass dieses besondere Mahl den *Bund* zwischen Gott und seinem Volk bezeichnet (Markus 14,24; 1. Korinther 11,25).

Paulus lehrte die Christen, dass sie als Kinder Gottes zu einem *neuen Bund* gehören (2. Korinther 3,4 ff.). Dieser neue Bund versichert uns, dass wir durch den Glauben an Jesus Christus Kinder Gottes sind. Er verspricht, dass dieser rettende Glaube zur Freiheit führt. In dem Bund, den Gott mit uns schließt, ist er ständig dabei, uns in sein Bild umzugestalten. Wir haben

Heilsgewissheit und die Zusage, in Ewigkeit bei Gott sein zu dürfen, weil er einen Bund mit uns geschlossen hat.

Gott schließt einen Bund mit seinem Volk. Auf der anderen Seite freut er sich, wenn die Gläubigen ihrerseits mit ihm in einen Bund eintreten. So hat es z. B. unsere engste Familie gemacht. Nach Gebet und vielen Gesprächen mit unseren erwachsenen Kindern haben wir ein Versprechen formuliert, das die Handlungen und Einstellungen jedes Familienmitglieds Gott gegenüber festlegt. Es kann als Illustration eines Familienabkommens gelten und auch als Vorbild für Ihre Gruppe dienen.

Versprechen der Familie Collard

Wir versprechen hiermit: Wir wollen als Nachfolger Gottes leben, unsereren Gemeinden vor Ort, unserer Heimatstadt und der Welt dienen, wo wir können. Wir wollen uns charakterlich weiterentwickeln und unsere Einmaligkeit dankbar annehmen, während wir eine Atmosphäre der Gnade und Vergebung aktiv fördern und gestalten.

Wie wäre es, wenn Sie ein solches Versprechen für Ihre Kleingruppe oder Gemeinde formulieren? Eine solche Übereinkunft in einer Kleingruppe, Gemeinde, Frauengruppe oder christlichen Organisation einzuführen, bildet die Grundlage für die Schaffung einer Umgebung, in der die Vergebung blüht und gedeiht.

Schritt 2: *Ein „Bund der Gnade" verlangt, dass der Leiter ein Vorbild in puncto Vergebung ist.*

Es ist von entscheidender Bedeutung, dass jeder Leiter sich für den „Bund der Gnade" einsetzt und Vergebung praktiziert. Wenn ein Mitglied der Gruppe den Leiter auf ein von ihm begangenes Unrecht in seinem geistlichen Dienst aufmerksam macht, sollte dieser sich dazu stellen und öffentlich um Verzeihung bitten. Dadurch behält er seine moralische Autorität als Leiter und fördert den Respekt der anderen. Die Leute achten auf uns Leiter und sehen unsere Fehler genau. Sie merken es, wenn wir versagen. Wenn wir versuchen, uns zu rechtfertigen oder unser Fehlverhalten zu vertuschen, wird das unsere Stellung als Leiter untergraben und das Vertrauen innerhalb der Gruppe zerstören.

Und noch etwas: Wenn wir offen zu unseren Fehlern stehen und um Vergebung bitten, erzeugt das eine Atmosphäre der Sicherheit, in der andere ihren Wunsch nach moralischer Orientierung mitteilen und um Hilfe bitten können, wenn sie Probleme mit Vergebung haben. In Nehemia 5,1–13 lesen wir, wie der starke Leiter Nehemia zugab, falsch gehandelt zu haben, als er von den Leuten in Jerusalem damit konfrontiert wurde, und sich umgehend entschuldigte. Dies tat seiner Führungsrolle keinen Abbruch und schmälerte nicht den Respekt des Volkes. Im Gegenteil. Seine Demut und Ehrlichkeit verlieh ihm die moralische Autorität, die ein Leiter braucht. Dadurch konnte er den Leuten helfen, ihr Leben sowohl materiell als auch geistlich neu aufzubauen.

Ich weiß, dass in manchen Kulturen, die besonders statusbewusst sind, eine solche Offenheit nicht geschätzt wird. Man hält sie für gefährlich oder sogar unmöglich. Entscheidend ist, ob wir glauben, dass diese Art von Ehrlichkeit biblisch ist. Wenn ja, dann funktioniert sie in jeder Glaubensgemeinschaft in jeder Kultur und sollte deshalb befolgt werden.

Als ich diese Einsicht einmal auf einer Konferenz in Mexiko vorstellte, reagierte ein mexikanischer Pastor äußerst heftig auf meine Predigt. „Das mag ja vielleicht in Amerika funktionieren", sagte er. „Aber hier funktioniert es nicht!" Er hatte nicht verstanden, was auf diesem Gebiet kulturell bedingt und was biblisch ist. Weil offene, ehrliche Verantwortlichkeit unter Leitern eine biblische Wahrheit ist, wächst normalerweise das Verständnis für und die Liebe zu dem Leiter, wenn er den Mut und die Integrität besitzt, ehrlich seine Fehler zuzugeben und öffentlich um Vergebung zu bitten. Das trifft in jeder Kultur zu.

Kürzlich diente ein amerikanischer Missionar als Hauptredner auf einer Konferenz in Chapala, Mexiko. In seiner ersten Predigt sprach er über die Schwierigkeiten, die er in Bezug auf Gebet und Glauben gehabt hatte. Dann beschrieb er, wie Gott ihn zerbrochen und was er ihn gelehrt hatte. Zuerst waren seine mexikanischen Zuhörer schockiert darüber, dass ein geachteter geistlicher Leiter so ehrlich war. Doch nach einigem Nachdenken mussten sie zugeben, dass diese Ehrlichkeit es auch ihnen gestattete, im Hinblick auf ihre diversen Probleme ehrlich zu sein. Die Beziehungen der Mitglieder dieser Organisation untereinander wurden gestärkt, und zwar wegen der

„schockierenden" Offenheit eines Leiters. So wird es immer sein, wenn Leiter zeigen, dass sie ehrlich sind, indem sie ihre Fehler zugeben und um Verzeihung bitten.

Schritt 3: *Verweigern Sie niemals einem anderen die Vergebung und halten Sie nicht an Ihrem Groll fest.*

Damit Leiter gesunde Beziehungen leben, die Gott gefallen, und eine „Atmosphäre der Gnade" aufrechterhalten können, müssen sie aktiv nach Vergebung streben und diese auch gewähren. König David bezahlte einen hohen Preis dafür, dass er an seinem Ärger über seine Frau Michal festhielt, wie wir in 2. Samuel 6,16–23 lesen. Das Resultat waren Misstrauen und Rebellion, nicht nur innerhalb der Familie, sondern in seinem ganzen Reich. Ein Geist des Nicht-vergeben-Wollens zieht immer Kreise in der betreffenden Familie oder Organisation. Eine solche Haltung wirkt sich negativ auf unsere Predigt aus, schadet den Beziehungen untereinander und sät Zwietracht unter den Mitgliedern der Gruppe, die wir zu leiten haben. Kurz: Sie vergiftet und verunreinigt alles, was mit ihr in Berührung kommt.

Schritt 4: *Es ist entscheidend, sich mit der Schuld in einer Gruppe auseinanderzusetzen.*

Es mag zwar besser scheinen, Fehlverhalten unter einzelnen Personen in unserer Gruppe nicht zuzugeben oder zu erwähnen, weil es Streit verursachen könnte. Aber Gott sieht die Rolle des Leiters auch darin, dass er sich angemessen mit Schuld auseinandersetzt. In Jeremia, Kapitel 8 tadelte Gott die Propheten und Priester in Israel dafür, „sein Gesetz zu verdrehen", indem sie „die Wunden unter dem Volk oberflächlich behandelten". David sah über die krassen Sünden, die seine Kinder taten, hinweg und ging nicht entschieden dagegen vor. Das Resultat war Zwietracht in der Familie und dem ganzen Volk (siehe 2. Samuel 13,20–22).

Im Gegensatz dazu sprach der Apostel Paulus Sünde in den Gemeinden offen an (Galater 2,1–14; 1. Korintherbrief). Er wusste, dass er nur durch gezieltes Eingreifen den Krebs der Sünde töten konnte. Eine Gemeinschaft wird niemals eine Atmosphäre der Gnade und Vergebung kultivieren können, wenn die Leiter um des lieben Friedens willen im Hinblick auf Sünde ein Auge zudrücken.

Schritt 5: ***Durch Lehre und Vorbild sollten Sie eine Atmosphäre der Sicherheit schaffen, in der man ehrlich über seine Probleme sprechen und andere um Hilfe bitten kann.***

Wir schaffen für die Leute in unseren Glaubensgemeinschaften entweder eine auf Scham oder eine auf Gnade gegründete Atmosphäre. Das Ziel einer Gemeinschaft, die auf Gnade basiert, ist es, Menschen nicht für ihre Sünden büßen zu lassen. Sie sollen vielmehr lernen, ihr Leben auf Gottes Gnade und Vergebung zu bauen und nicht auf ihr eigenes Gutsein. Als Leiter müssen wir Ehrlichkeit, Vergebung, Güte und sogar geistliche Disziplin einsetzen, um unsere Glaubensgeschwister davon zu überzeugen, dass nichts, was sie tun, Gott davon abhalten kann, sie zu lieben. Und wir sollten ihnen zeigen, dass auch wir durch die Gnade Gottes niemals aufhören werden, sie zu lieben.

Schritt 6: ***Wenn jemand versagt, zeigen Sie ihm auf praktische Art und Weise, wie man vergibt.***

Nur indem wir zeigen, wie real die Vergebung ist, können wir uns gegenseitig helfen, Erlösung und Wiederherstellung zu erfahren. Jedes Unrecht, das in einer Gemeinde verübt wird, dient als Anschauungsmaterial, im Hier und Jetzt als Gotteskinder zu leben. Gerade in Zeiten moralischen Fehlverhaltens können wir oft den tiefsten psychischen Problemen und den größten theologischen Irrtümern im Herzen von Menschen wirksam begegnen. Es gibt für eine Glaubensgemeinschaft nichts Heilsameres, als die Gelegenheit zu haben, an der Erlösung und Wiederherstellung eines ihrer Mitglieder beteiligt zu sein.

Wir haben dies bei unserer Arbeit in einer kleinen Gemeinde in der Innenstadt von Charlotte, North Carolina, wiederholt erlebt. Viele Menschen, die zu uns kommen, scheinen weiterhin von Sünde gefesselt zu sein. Viele haben Gottes Vergebung erlebt, aber sie kommen in ihrem Glaubensleben nicht weiter. Oft scheint es einen Schritt vorwärts und dann wieder zwei Schritte rückwärts zu gehen. Doch welche Freude findet man darin, den, der Probleme hat, zu lieben und ihm zu helfen, in die Gemeinschaft mit Gott zurückzufinden. Alle Gemeindeglieder werden im Glauben gestärkt, wenn so etwas passiert. Es gibt keine größere Freude, als die Wiederherstellung eines „verlorenen Sohnes" oder einer „verlorenen Tochter" zu feiern.

Schritt 7: *Bilden Sie solche Menschen zu Leitern aus, die die Reise zur Vergebung selbst erlebt haben, damit sie anderen Wegweiser sein können.*

In 2. Korinther 1,4 heißt es in Bezug auf Gott: „In allen unseren Nöten kommt er uns mit Trost und Ermutigung zu Hilfe, und deshalb können wir dann auch anderen Mut machen, die sich ebenfalls in irgendeiner Not befinden: Wir geben ihnen den

Trost und die Ermutigung weiter, die wir selbst von Gott bekommen" (NGÜ).

Wenn wir selbst die Reise zur Vergebung unternommen haben, können und sollen wir auch andere auf ihrer Reise begleiten und führen. Vergebung ist ein zentrales Anliegen Gottes, das er im Leben der Gläubigen verwirklichen will.

Bibelstudium: Anregung für Kleingruppen

Gottes Angebot, uns zu vergeben, ist die Grundlage für sein Gebot, auch anderen zu vergeben. Es ist immer eine Hilfe, wenn man sieht, wie die Prinzipien Gottes im Leben ganz realer biblischer Personen Wurzeln geschlagen haben. Einige dieser Personen können uns als Vorbild für Vergebung dienen. Ich habe ein paar Geschichten ausgewählt, die viel über Vergebung aussagen.

Manche dieser biblischen Beispiele enthalten nicht genügend Hintergrundinformationen, um jede Frage vollständig zu beantworten oder die gewünschte Auslegung zu ermöglichen. Trotzdem bilden die folgenden Fragen eine Gliederung, die Ihnen helfen kann, die Texte zu analysieren und Anwendungen für Ihre persönliche Reise zu finden.

Texte und Fragen eignen sich gut für das Bibelstudium in Kleingruppen oder als Ehepaar.

8 Fragen, die Sie zu jedem Textabschnitt stellen können

1. Um welchen Konflikt geht es und wer ist daran beteiligt?
2. Hat Vergebung stattgefunden?
3. Wer hat Vergebung gewährt und wer Vergebung bekommen?
4. Kommt eine Wiederherstellung der Beziehung in der Geschichte vor?
5. In welcher Weise drückt der Text Vergebung aus?
6. Was war das Ergebnis, wenn eine Person keine Vergebung gewährt hat?
7. Gab es „Taten der Vergebung", von denen in dieser Situation die Rede ist?
8. Was haben Sie aus diesem Bibelabschnitt im Hinblick auf Ihre Fragen zur Vergebung gelernt?

Nachdem Sie die Texte ausgewählt haben, die Sie mit den Teilnehmern betrachten wollen, lassen Sie zunächst jede Gruppe die ganze Geschichte im Zusammenhang lesen, bevor die Fragen gestellt werden.

Bibeltexte zu 10 unterschiedlichen Konflikten

- Konflikt über Anbetungsstil: 1. Mose 4,1–15
- Klassische Rivalität unter Geschwistern: 1. Mose 25–33
- Funktionsgestörte Familie: 1. Mose 37,1–45,15
- Konflikte unter Ehepartnern: 1. Samuel 18,17–30; 1. Samuel 19,10-18; 2. Samuel 6,12–13; 1. Chronik 15,25–29
- Politische Eifersucht und Intrige: 1. Samuel 23–24
- Untreue in der Ehe: Hosea 1–3
- Zwei Söhne, die beide Vergebung brauchen: Lukas 15,11–32
- Verleugnung und nachfolgende Berufung zum Dienst: Matthäus 26,31–35, 69–75; Johannes 21,1–17
- Der erste Märtyrer: Apostelgeschichte 6–7
- Konflikt innerhalb des Teams: Apostelgeschichte 15,36–41; Kolosser 4,10–11

Schließen Sie jede Lektion mit einer Zeit persönlicher Reflektion und mit Gebet ab. Betonen Sie, dass Vergebung eine Entscheidung ist. Gehen Sie die einzelnen Schritte durch, die zur Freiheit führen, welche die Vergebung mit sich bringt. Ich bete, dass Gott Sie segnet und jede Person beschützt, die sich auf die Reise der Vergebung macht.

Trauer hautnah
Eine Stimme zum Buch

Am 22. September 1992 hatte meine älteste Tochter Geburtstag und ich sah ihr zu, wie sie die neun Kerzen auf ihrem Geburtstagskuchen ausblies. Doch die Freude dieses Augenblicks, der natürlich auf Film festgehalten werden musste, wurde durch eine Nachricht getrübt. Ich hatte sie tags zuvor in der Zeitung gelesen. Auf der ersten Seite der „*Contra Costa Times*" stand, dass ein 23-jähriger Mann erschossen worden war. Während ich den Bericht las, stellte ich fest, dass der Ort des Verbrechens weniger als eine halbe Meile von unserem Haus entfernt war. Doch wirklich fassungslos war ich, als ich erfuhr, dass es sich bei dem Mordopfer um den ältesten Sohn eines Pastorenkollegen handelte, der in Europa arbeitete.

Worte können das Mitgefühl, das ich für Glenn und Dianne Collard empfand, nicht angemessen ausdrücken. Trotzdem waren Worte das Einzige, was ich ihnen einige Tage später, als ich am Grab ihres Sohnes stand, anbieten konnte. Ein Freund der Familie las ein Gedicht vor, das ich geschrieben hatte. Darin vergleiche ich die Gefühle, die durch einen unerwarteten Tod ausgelöst werden, mit der Erfahrung, die die Jünger machten, nachdem das Leben Jesu so abrupt und auf tragische Weise beendet worden war:

Beobachtung von Trauer

Sie stolpern mit langsamen Schritten auf ein frisches Grab zu,
so als trügen sie Mäntel aus Stahl.
Ihre Worte – eingehüllt in Gewänder des Leides –
fallen zusammen mit ihren Tränen zu Boden.
Fragen.
Weinen.
Schweigen.

Einer, den sie so sehr geliebt haben, ist tot – wie sinnlos.
Scharfkantige Scherben des Schmerzes
schneiden Löcher ins Herz,
das noch vor wenigen Tagen vor Lachen und Liebe pulsierte.
Auch wenn der erste Schock über das Geschehene
einem dumpfen Gefühl der Benommenheit gewichen ist,
schlagen diese Bösewichter, die die Seele angreifen,
gleich finsteren Gesellen in einer dunklen Gasse
plötzlich und unerwartet mit ihrer Trauer erbarmungslos zu.

Die Jünger fühlen sich
ungerecht behandelt
fassungslos
zornig
hoffnungslos.
Nachdem sie ihre Blumen und die Angst
am Grab niedergelegt haben,
treten sie den Rückweg an.

Es gibt ja keinen Grund, noch länger zu verweilen.
Das Leben geht weiter – auch wenn es nicht mehr da ist.

Doch halt!
Unerwartet durchbrechen Worte, wie von Gott selbst gesprochen,
den Nebel der Trauernden:
„Was sucht ihr den Lebenden unter den Toten?
Der, um den ihr trauert, ist nicht hier.
Er lebt!"

Nun gehen die Jünger, ihre Füße nicht länger schwer wie Blei,
ihre Gesichter nicht länger matt und bleich,
denselben Weg zurück aus den düsteren Schatten
in einen Strahl von Sonne und Licht.

„In einen Strahl von Sonne und Licht." Diese sieben Wörter beschreiben, wie Dianne aus den Schatten unvorstellbaren Herzeleids und tiefster Verzweiflung in das helle Licht der Gnade Gottes gekommen ist. Den Übergang schildert dieser ergreifende Bericht. Diannes persönliche Einsichten und die Bibeltexte haben dazu geführt, dass ich besser über das Thema Vergebung predigen, lehren und mit Menschen, die zur Seelsorge kommen, sprechen kann.

Dianne Collard hat aus eigener Erfahrung gelernt, wie wahr der Spruch ist: „Nicht zu vergeben, heißt, jeden Tag Gift zu trinken in der Hoffnung, dass die andere Seite stirbt." Dieses Buch stellt klar, wie und warum sie aufgehört hat, „Gift" zu trinken. Wer ihr Buch liest, kann wohl nur danken. Gott bewirkt durch Tim Collards Tod Leben und geistliche Gesundheit. Diese Seiten sind der eindeutige Beweis dafür, dass Gott gut ist, selbst wenn das Leben es nicht ist.

Gott ist gut, wenn das Leben es nicht ist.
Wenn jemand, den man so sehr geliebt hat,
grausam ermordet wurde
und wenn die Fakten über das Verbrechen
alles andere als wahr sind.
Gott ist gut, wenn das Leben ungerecht ist
oder es so scheint, als kümmere Gott sich nicht
um die Krisen, die unser Herz aller Freude berauben.
Gott ist gut und er gibt Gnade,
dem anderen ins Gesicht zu schauen,
hinter seine verletzende Handlung zu sehen
und leise zu sagen: „Ich vergebe dir."

Rev. Greg Asimakoupoulos
Pastor, Dichter, Autor, Zeitungskolumnist
Mercer Island, Washington

Quellenverzeichnis

[1] Barna Research Group, Ltd., *America's View on Forgiveness* (Ventura: WaterBrook Press, 1999), 14.

[2] International Forgiveness Institute, „Campaign for Forgiveness Research", *International Forgiveness Institute,* 1999, http://www.forgiveness-institute.org.

[3] Mendota Health Institute, „Forgiveness", 2010, http://www.dhs.wisconsin.gov/mh_bcmh/docs/confandtraining/2010/forgiveness030410.pdf.

[4] Barna Research Group, *America's View on Forgiveness,* 14.

[5] Frederick Buechner, *Wishful Thinking: A Seeker's ABC* (San Francisco: HarperSanFrancisco, 1973), 2.

[6] Gerald Jampolsky, *Forgiveness: The Greatest Healer of All* (Hillsboro: Beyond Words Publishing Inc., 1999).

[7] David Seamonds, „Perfectionism: Fraught with Fruits of Self-Destruction", *Christianity Today.* April 10, 1981, 24–25.

[8] Robert Jeffress, *When Forgiveness Doesn't Make Sense* (Colorado Springs: WaterBrook Press, 2001), 14.

[9] Gerald Jampolsky, *Forgiveness: The Greatest Healer of All,* 30–31.

[10] John F. MacArthur, *The Freedom and Power of Forgiveness* (Wheaton: CrossWay, 1998), 113–114.

[11] Sidney B. Simon und Susanne Simon, *Forgiveness: How to Make Peace with Your Past and Get on with Your Life* (New York: Warner Books, Inc., 1990), 62.

[12] Vgl. John Sandford, Paula Sandford und Lee Bowman, *Choosing Forgiveness* (Arlington: Clear Stream Inc. Publishing, 1996), 44.

[13] Viktor E. Frankl, … *trotzdem Ja zum Leben sagen* (München: Kösel-Verlag, 2009, Neuauflage des Originals von 1977), 102.

[14] Lewis Smedes, *The Art of Forgiving: When You Need to Forgive and You Don't Know How* (New York: Ballantine Books, 1996), 27.

[15] David Augsburger, *The Freedom of Forgiveness* (Chicago: Moody Press, 1970).

[16] Jan Piper, *Bless Those Who Persecute You* (Feb. 5, 2005).

Dank

Viele Freunde, Kollegen und Angehörige haben zu meiner Reise der inneren Heilung beigetragen. Ich kann nicht alle namentlich erwähnen, möchte aber meine tiefe Dankbarkeit für alle Geduld, Ermutigung und Gebetsunterstützung zum Ausdruck bringen.

Oft schickt Gott seine Geschenke in Form einer Person. Meine Lektorin, Ines Weber, war so ein wertvolles Geschenk. Danke für die einfühlsame Art, mit meiner Geschichte umzugehen.

In den letzten 19 Jahren haben zahlreiche Menschen in vielen Ländern zugehört, während ich über meine Reise zur Vergebung gesprochen habe. Viele von ihnen haben mir über ihre eigene Reise berichtet. Das hat mich bereichert und gesegnet. Danke, dass ich Sie ein Stück auf Ihrem Weg in die Freiheit begleiten durfte.

Mein herzlichster Dank gilt auch dem Verlag Gerth Medien, durch den meine Geschichte nun auf Deutsch erhältlich ist.

Und zum Schluss: Wie kann ich meine Dankbarkeit meinem Gott gegenüber angemessen zum Ausdruck bringen, dafür, dass er mich auf der ganzen Reise in großer Geduld belehrt, mein Schreien gehört und meine Tränen getrocknet hat? In einer Situation, in der Gott alles war, was ich hatte, durfte ich erleben, dass er alles ist, was ich brauche. Ich wünsche mir, dass sein Name geehrt wird – durch mein Schreiben und in allen, die von meiner Reise mit ihm lesen.